Manfred Keppeler

DIE GLÜCKSPYRAMIDE

Manfred Keppeler

Die Glückspyramide

Im Text ungekürzte Ausgabe

Fotos: - soweit nicht anders gekennzeichnet - Keppeler Verlag

Druck und Verarbeitung: WB - Druck Rieden/Forggensee

Vertrieb: Keppeler Verlag
Kapuzinergasse 12
D - 8900 Augsburg
Tel. 0821/518878

Printed in Germany
ISBN 3-924157-10-3

1. Auflage September 1987
2. Auflage Februar 1988
3. Auflage September 1988
4. Auflage März 1992

Danksagung

Genaugenommen müßte die Astrologin Margot Heintz als Co-Autorin dieses Buches genannt werden. Neben der tatkräftigen Mithilfe beim Korrekturlesen sind insbesondere die esoterisch-parapsychologischen Abschnitte auf ihre Anregung hin entstanden.

Da meine Forschungen hauptsächlich naturwissenschaftlich orientiert sind, andererseits die Anwendung der Pyramidenkraft in vielen Bereichen esoterische Grundzüge aufweist, entstand durch ihre Mitarbeit ein Pyramidenbuch, das auch diesen Anforderungen gerecht wird. Ihr Einfluß und ihre Tätigkeit als Autorin sind ab Seite 183 deutlich erkennbar.

An dieser Stelle sei ihr deshalb ausdrücklich gedankt.

Dank auch allen Mitgliedern der parapsychologischen Forschungsgesellschaft Augsburg e.V., die durch die praktische Erprobung der Pyramiden ebenfalls tatkräftig mithalfen.

Inhaltsverzeichnis

Vorwort von Dr. E. Zehendner....................................9
Anmerkungen zur zweiten Auflage...............................11
Einleitung..19

I. Pyramiden - Geschenke der Götter

Cortes - Teotihuacan - die Sonnenpyramide.....................26
Ägyptische Pyramiden - Wunder aus Stein.......................33
Die Geheimnisse der Pyramiden - ein beliebtes Thema...........34
Die Pyramiden - ungelöste Rätsel für die Archäologen..........36
Die Bedeutung der großen Galerie..............................36
Der Fluch der Pharaonen.......................................39
Die Cheopspyramide - ein Negativstrahler ?....................41
Die Marspyramiden...42
Form - Materie - Energie......................................45
Orte der Kraft..45
Vis vitalis...48
Orgon...50

II. Die Erforschung der Kraft der Pyramide

Karl Drbal - Pionier der Pyramidenforschung...................54
Professor Müllers Entdeckung..................................55
Aktuelle Pyramidenforschung...................................57
Die "exakten Winkel" und andere Irrtümer......................58
Ist die Pyramidenenergie meßbar ?.............................59
Kristallbildung als Meßinstrument.............................61
Über den Umgang mit Chemikalien...............................62
Superkristalle durch die Pyramide.............................62
Von Pyramide zu Pyramide......................................67
Test: Auswirkung farbiger Pyramidenoberflächen................68

Test: Pyramidenwinkel....................................68
Test: Baumaterial...69
Test: Großpyramiden.......................................72
Test: "Magische Baumaße"..................................73
Test: Die Sphären der Pyramiden...........................74
Test: Wirkbereich der Pyramide............................74
Test: Wirkung in Abhängigkeit zur Höhe....................75
Test: Abhängigkeit der Wirkung von den Himmelsrichtungen....76
Test: Pyramide und Radioaktivität.........................78

Wirkungen bekannter Energieformen auf die Pyramide:
Wärme - Elektrizität - statische Elektrizität
Magnetfelder -Erdmagnetismus - Licht......................81

Auswirkung auf lebende Systeme............................85
Bierhefe..85
rotwachsende Hefe...85
Froschlaich...86
Grünalgen...87
Kresse..88

Forschung nicht um jeden Preis............................89

Pyramidenkraft - ein neues Lebenselexir ?.................91

Resümee...93

Das Rätsel ist gelöst !....................................97

Das Magnetfeld der Erde - Urheber der Paramidenkraft........98
Diamagnetische Kräfte und Pyramidenwirkung................99
Die Wirkung der Nordseite.................................102
Die Pyramidenkraft - eine neue Energieform................104

Erklärung der Fachbegriffe.................................105
Inklination - Magnetismus..................................105
Ferromagnetische/ paramagnetische/ diamagnetische Stoffe...106
Suszeptibilität - Devitation - Deklination.................107

III. Bauanleitung

Material..109
Überzüge und Farben..110
Maßangaben...112
Geometrie der Pyramide.....................................113
Befestigung der einzelnen Seiten...........................117
Kartonpyramiden - Kupfer - Plastik - Gießharz..............117
Wirksamkeit..119

Aufstellen und Ausrichten..................................123
Anfangswirkung bei Kupferpyramiden beachten !..............126
"Ausschalten" der Pyramide.................................127
Übertragen der Pyramidenenergie............................127
Nachlassen der Wirkung.....................................128
Resonatoren..128
Pyramidensysteme...131
andere kosmische Energieerzeuger...........................133

IV. Pyramidenkraft im Haushalt

Anwendung der Pyramidenenergie.............................135
Ernährung allgemein..135
Getreide...136
Trocknen...137
Zucker - Salz - Gewürze....................................138
Fleisch und Wurst..138
Gefrierkost..139
Schlankheitskuren..139

Wasser....141
Kaffee - Tee - alkoholische Getränke....141
Tabak....142
Drogen....143

Schönheitsmittel....143
Naturkosmetik....144
Haarpflege....145
Haarausfall....145

Weitere Anwendungen im Haushalt....147
Rasierklingen....147
Reinigungs- und Putzmittel....147
Batterien....148
Farben....149
Einsparung von Heizöl....149
Filme....149
Schmuck....149
Kupferarmbänder....150
Pendel - Amulette....151

Haustiere....153
Vogelhäuschen....154
Zierfische....154
Speisefische....155
Angeln....156

Blumenzucht....157
Samen, Schößlinge, Ableger....158
kranke Pflanzen....159
Schnittblumen....159
Weihnachtsbäume....161
Waldsterben....161

Gesundheit und Vitalität........................161
Verbesserung des Allgemeinbefindens.............163
Schlaf..163
Wetterumschwünge................................163
Umschläge.......................................164
Müde Augen......................................164
Autofahrten.....................................164
Farbtherapie....................................165
Medikamente.....................................165
Sexualität......................................166

Umweltverschmutzung.............................167
Luftreiniger....................................168
Verbesserung des Raumklimas.....................168

Radioaktivität..................................170
Medikamente gegen radioaktive Strahlung.........170
Radioaktivität rechtzeitig erkennen !...........171
Kann man Radioaktivität spüren ?................172

elektromagnetische Umweltverschmutzung..........174
Fernsehentstrahlung.............................176

Erdstrahlen - Biostörzonen......................178
Pyramiden zur Abschirmung.......................181

Herstellung von Amuletten.......................183
Esoterische Werkstoffe / Bearbeitung............183
Magische Formeln................................186

Magische Zahlen.................................187

Astrologische Glückssteine
und Glückszahlen................................191

V. Pyramidenmagie

Magie - ein Weltbild kehrt zurück....................197
Die Erforschung der Seele - der große Irrtum..........198
Das Wassermannzeitalter - Umpolung des Denkens........199
Schöne neue Welt ?....................................200
Das Pendel schwingt in die andere Richtung............200

Träume und ihre Deutung...............................202

Erfolgreich Pendeln...................................205
Richtiges Pendeln erfordert Kraft.....................206
Pendeln in der Praxis.................................207

Erfolg durch Pendeln..................................211
Pendel und Pyramide...................................213
Aufladung des Pendels.................................213
Zahlen pendeln..214
Lotto...215
Toto..218
Auswahlwette - andere Glücksspiele....................219

Die Lottopyramide.....................................220
Gewinne durch die Pyramide............................220
Kritische Anmerkungen.................................223

Der Blick in die Zukunft..............................225
Hellsehen mit der Pyramide............................225
Hellsehen - ein Zeitphänomen
oder angewandte Statistik ?...........................227
Wie funktioniert Hellsehen ?..........................231

Testen und trainieren Sie Ihren Parasinn..............234

Paratest..237
Testbogen - Auswertungstabelle..............................240

Das telepathische Netz......................................243
Übertragene Gedanken und ihre Wirkung.......................244
Telepathisch auf Versagen programmiert......................245
Erkennen und Abwehr von Beeinflussungen.....................246
Schutz durch die Pyramide...................................248
Wie soll man sich bei einem
"telepathischen Anruf" verhalten ?..........................251
Die Silberpyramide..253

Partnerprobleme...255
Die Kontaktaufnahme...255
Eine positive Ausstrahlung, der erste Schritt zum Erfolg...257
Partnerzusammenführungen....................................258
Partnerbeeinflussung mit der Pyramide.......................260

Psi - ein neue Dimension der Intelligenz....................262
Erfolg duch Psi...263
Psi im Beruf..263

Literaturverzeichnis..267

Bezugsquellen...270

Pyramidenangebote und Neuentwicklungen 271

Vorwort

Wenig ist bisher bekannt über die Kraft der Pyramiden. Von der Naturwissenschaft wird sie mit Skepsis betrachtet; von Esoterikern mystisch verklärt.

Schriftsteller plaudern über die großen Geheimnisse der Pyramiden und übertreffen sich gegenseitig in phantastischen Schilderungen.

Und nun dieses Buch.

Hebt es sich wohltuend hervor aus der Masse der in den letzten Jahren veröffentlichten Okkultliteratur, oder gehört es zu jenen Werken, die ungelesen im Bücherschrank verstauben ?

Sicher ist, wer sich nicht mit dem Okkulten beschäftigt, wer nichts von Astrologie oder Parapsychologie hält, bei dem wird dieses Buch wenig Interesse erwecken, die letzten Kapitel des Buches werden auf ihn sogar befremdlich wirken.

Die Glückspyramide - der Titel weckt Hoffnungen, verheißt Glück, neue Erkenntnisse, Enträtselung jahrtausendealter Mysterien.

Nur, wenn diese Energie über so phantastische Eigenschaften verfügt, wie ist es dann möglich, daß so wenig darüber in die Öffentlichkeit gelangt ?

Eine berechtigte Frage, die jedoch relativ einfach zu beantworten ist.

Versucht man Literatur über Pyramidenenergie zu sammeln, so sind nur wenige Veröffentlichungen über aktuelle Pyramidenforschung erhältlich. Erstaunt muß man feststellen, daß auf der ganzen Welt gerade eine Handvoll Menschen existiert, die versucht, das Geheimnis der Pyramidenenergie durch intensive Forschung zu klären.

Der Autor des Buches stellt den selten gewordenen Typ des Privatgelehrten dar. Intuitiv - parapsychologische Fähigkeiten kombiniert er harmonisch mit logisch - naturwissenschaftlichem Denken.

Seine Vermögensverhältnisse (eine Folge der Glückspyramide ?) im Bereich der "magischen sechsstelligen Zahl" erlauben ihm, unabhängige Forschung zu betreiben. Und sie erlauben ihm auch, ein Buch zu schreiben, das nicht zensiert ist.

Weder durch einen Verleger, noch durch den Geschmack des Lesers. Allein schon dieser Umstand macht das Buch lesenswert.

Dr. rer. nat. Eberhard Zehendner Augsburg, 17.3. 1987

Anmerkungen zur zweiten Auflage

Zugegeben, es ist schon ein etwas merkwürdiges Gefühl, ein Buch gegen die "Autoritäten" zu schreiben. Und, auch die Gewißheit, daß so mancher Sachbuchautor nur seinen Vorgänger kopiert, hilft da nicht viel.

Meine Versuche führten zu der für mich zwingenden Erkenntnis, daß es, zumindest im mitteleuropäischen Raum, Pyramidenformen gibt, deren Wirkung besser ist, als die des Cheopsmodells.

So war mein Erkenntnisstand - und ich konnte nicht anders.

In dieser zweiten, überarbeiteten Auflage, die überraschend schnell auf die erste Auflage erfolgt, kann ich mich nicht nur auf meine eigenen Erfahrungen in der Pyramidenforschung stützen, sondern auch auf zahlreiche positive Zuschriften.

Es war also gar nicht so, daß ich in Bezug auf die mir recht eigenartig und widersprüchlich erscheinenden Wirkungen der Cheopspyramide völlig allein auf weiter Flur stand.

Obwohl von niemand veröffentlicht, gab es doch private Forscher und Anwender der Pyramidenenergie, die ebenfalls mit dem Cheopsmodell zahlreiche Fehlschläge hinnehmen mußten.

Kann nun der neuentwickelte "K-Typ" die Hoffnungen erfüllen, die in die Pyramidenenergie gesetzt werden?

Meiner Meinung nach ist es an der Zeit, im gesamten esoterischen, aber auch im naturwissenschaftlichen Bereich umzudenken, und Bereitschaft zur Selbstkritik zu zeigen.

Nimmt man Begriffe wie New Age, Wassermannzeitalter oder Zeitenwende ernst, so kommt man nicht umhin, verkrustete Vorstellungen aufzubrechen.

Nicht nur auf Seiten der Wissenschaftler und Techniker, die Seveso oder Tschernobyl dazu anregen sollte, über Ihre "Leistungen" nachzudenken.

Auch im Bereich der Esoterik sind Vorstellungen vorhanden, die der kritischen Überprüfung bedürfen.

Es liegt so einiges im Argen in der Esoterik und in der Parapsychologie. Nachdem ich mehr als 10 Jahre recht erfolgreich eine astrologische Praxis geführt habe, und fast ebenso lange Vorsitzender der Parapsychologischen Forschungsgesellschaft Augsburg e.V. bin, kann ich diese Ansicht guten Gewissens vertreten.

Zugegeben, ich bin auch mit meinen eigenen Aktivitäten nicht immer zufrieden gewesen; und auch über einige Passagen dieses Buches bin ich nicht ganz glücklich.

Warum wurden von mir dann die entsprechenden Textstellen in dieser Ausgabe nicht weggelassen?

Ich habe versucht, möglichst wenig zu spekulieren, oder für "dramaturgische Effekte" zu sorgen; gleichzeitig sollte der Leser aber nicht durch Weglassen der Aussagen anderer Forscher manipuliert werden.

Einige Beschreibungen waren nötig um die Erforschung der Pyramidenenergie aufzuzeigen; und auch einige der Anwendungen sind mehr von historischem Interesse, als von praktischer Brauchbarkeit.

Bei der Lektüre des parapsychologischen Teils des Buches werden manchem Naturwissenschaftler die Haare zu Berge stehen, eingeweihten Esoterikern dagegen die Texte relativ zahm erscheinen. Gerade für diesen Teil des Buches möchte ich um Toleranz bitten - von beiden Seiten!

Vielleicht würden Sie jetzt gerne wissen, welche Textstellen es genau sind, die mir etwas Unbehagen verursachen.

Im Hinblick auf die Pyramidenwirkung nehme ich es sehr genau. Die von mir selbst für meine Versuche angelegten Maßstäbe sind sehr streng. Da ich einige Jahre in einem großen Forschungslabor tätig war, bin ich mit exaktem Arbeiten vertraut und sehe darin eine wesentliche Grundlage, um zu beweiskräftigen Aussagen zu kommen. Demgegenüber stehen nun die vielen praktischen Anwendungen der Pyramidenenergie, die in zahllosen Büchern beschrieben sind.

Es war für mich einfach unmöglich, alle diese Anwendungsbereiche (Seite 147 bis Seite 165) eingehend zu prüfen. Zudem sind die meisten Anwendungen nur subjetiv prüfbar.

Der Geschmack von Tee oder Kaffee war dabei noch ein relativ geringes Problem. Aber wie soll man als Nichtraucher die "Bekömmlichkeit" von Tabak prüfen. An der Dauer des Hustenreizes nach jedem Lungenzug?

Und auch der altbekannte Rasierklingenversuch hat leider Ähnlichkeit mit der Blinkerprüfung eines Lehrlings in einer ostfriesischen Reparaturwerkstatt: geht - geht nicht...

Bedenklich auch Hinweise mancher Pyramidenhersteller auf die Möglichkeit, Heizöl durch die Pyramide einzusparen. Im Heizungskeller meines Hauses stehen seit über 2 Jahren Pyramiden, ohne daß bisher eine merkliche Senkung des Ölverbrauchs eingetreten wäre.

Sicherlich wird es auch nicht mehr allzulange dauern, bis Pyramiden angeboten werden, die den Benzinverbrauch beim Auto senken sollen.

Die Erforschung der Pyramidenenergie befindet sich noch in einem Stadium, in dem zwar nicht alles, aber doch vieles möglich ist. Alle Anwendungen müssen deshalb sorgfältig geprüft werden, auch wenn die Natur der Pyramidenenergie einige Anwendungsbereiche mit großer Wahrscheinlichkeit ausschließt.

So soll die Pyrmide nach Aussage einiger Forscher antibakterielle Wirkung haben und Algen absterben lassen.

Entweder ist die Pyramide lebensfördernd, oder sie tötet Leben. Algen absterben zu lassen und gleichzeitig Pflanzenwachstum zu fördern, ist ein Widerspruch in sich; leider nicht der einzige in der Pyramidenforschung.

Viele dieser Widersprüche konnten von mir geklärt werden, und vor allem wenn man den ersten Teil dieses Buches aufmerksam liest, kann erkannt werden, wie die Pyramidenenergie wirkt und für welche Zwecke sie tatsächlich eingesetzt werden kann.

Als Prämisse meiner Forschungen ergab sich, daß die Pyramidenenergie physikalisch als relativ schwache Kraft gesehen werden muß, wodurch relativ lange Einwirkzeiten nötig sind. Und, das beeinflußte System muß sich verändern können. Positive Effekte sind immer dann zu erwarten, wenn in einer Substanz eine langsame chemische Veränderung vor sich geht, während die Pyramidenenergie einwirkt.

Bei der ersten Auflage hatte es mir etwas Unbehagen bereitet, selbst als Pyramidenhersteller zu fungiern und meine neuentwickelten Pyramiden anzubieten.

Das Dilemma bestand darin, daß ich von der positiven Wirkung dieses neuen Pyramidentyps überzeugt war, es aber immer etwas seltsam anmutet, wenn der Autor eines Buches, quasi nebenbei, auch gleich noch seine eigenen Produkte anbietet.

Die von mir in über zehnjähriger Forschungstätigkeit entwickelten und gesetzlich geschützten Pyramiden wollte ich jedoch nicht einem Fabrikanten zur "Vermarktung" überlassen: Ich betrachte die Pyramiden nach wie vor als einen esoterischen Artikel, und eine aus buntem, billigen Plastik gefertigte Pyramide entspräche einfach nicht meinen Vorstellungen.

Die Herstellung der von mir neuentwickelten Pyramiden (K-Typ) ist übrigens für private Zwecke ohne Einschränkung gestattet; eine ausführliche Bauanleitung finden Sie ab Seite 109.

Bei Fernsehsendungen und Presseberichten über meine Pyramiden hat der Begriff Inklinationswinkel für etwas Verwirrung gesorgt. Auch in vielen Zuschriften wurde ich hierzu um Auskunft gebeten.

Im Buch befinden sich, leider an verschiedenen Stellen, die entsprechenden Hinweise. Aus drucktechnischen Gründen ist die Umstellung dieser Texte mit erheblichem Aufwand verbunden; gestatten Sie mir deshalb, an dieser Stelle darauf einzugehen.

Der Inklinationswinkel, d.h. der Winkel, in dem die magnetischen Kraftlinien aus der Erde austreten, variiert je nach geographischer Lage des betreffenden Ortes. In Mitteleuropa beträgt dieser Winkel etwa 65 Grad.

Für Süddeutschland kann von einem Inklinationswinkel von ca. 62 Grad ausgegangen werden, während im Norden der Bundesrepublik etwa 68 Grad gemessen werden.

Wie sich bei Versuchen gezeigt hat, ist die Neigung der Seitenflächen von Pyramiden mit 65 Grad hinreichend genau, um eine Resonanzschwingung mit dem erdmagnetischen Kraftfeld zu erzeugen. Abweichungen des Seitenwinkels der Pyramiden vom Inklinationswinkel bis zu 3 Grad waren experimentell nicht nachweisbar!

Die K-Pyramide von 65 Grad ist somit eine den Gegebenheiten des Erdmagnetfeldes unserer geographischen Breite optimal angepaßte, und nach zwei Ebenen ausgerichtete Pyramide.

Beim Cheopsmodell ist nur die Grundkante ausgerichtet, für die Seitenfläche ergeben sich Abweichungen bis zu 20 Grad, die sich in Form magnetischer Störfelder und negativer Strahlung auswirken.

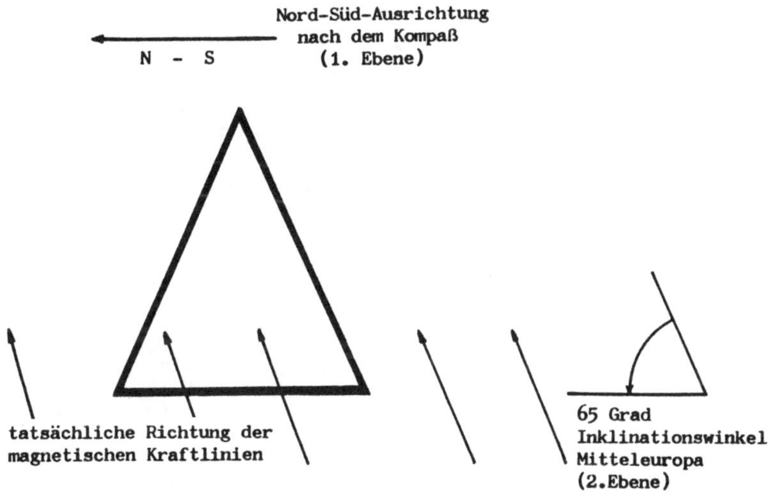

Eine andere, häufig gestellte Frage war, weshalb die Zusammenhänge mit dem Inklinationswinkel und der Pyramidenwirkung nicht schon früher entdeckt wurden.

Vermutlich liegt der Grund darin, daß der überwiegende Teil der Pyramidenforschung im den südlichen Regionen der USA stattfand (San Francisco, Los Angeles). Diese Orte liegen annähernd auf derselben geographischen Breite wie Kairo, bzw. wie die Cheopspyramide. Es ergab sich für die amerikanischen Forscher deshalb keine zwingende Notwendigkeit, den Pyramidenwinkel zu verändern: In Kalifornien funktionierte die Cheopspyramide ja einwandfrei!

Übrigens unterscheiden sich meine Pyramiden nicht nur durch den Winkel von den üblichen Cheopsmodellen. Die K-Pyramide stellt auch hinsichtlich des Baumaterials und der Herstellungsweise eine Neuentwicklung dar.

Eine Pyramide kann mit einer Glocke verglichen werden: Es bedarf bester Materialien und reicher Erfahrung, um Pyramiden herzustellen, deren Schwingungen rein und von positiver Wirkung sind.

Einleitung

Fasziniert von der ägyptischen Kultur, erweckte Anfang 1972 ein Artikel in einer Zeitschrift meine Aufmerksamkeit. Es wurde über die geheimnisvollen Kräfte der Cheopspyramide berichtet und über eine neue Leidenschaft der Amerikaner: Modellpyramiden.

Dem maßstabsgetreuen Nachbau der größten ägyptischen Pyramide wurden sehr erstaunliche Eigenschaften zugeschrieben. Pyramidenartige Zelte sollten mediale Fähigkeiten, aber auch die Fruchtbarkeit fördern. Unter kleinen Pyramiden konnte Fleisch konserviert und Rasierklingen geschärft werden. Der Artikel enthielt auch eine Bauanleitung für eine einfache Pyramide aus Pappkarton.

Die Pyramide war schnell gebaut, und ich hörte auf, mich elektrisch zu rasieren; schließlich wollte ich den Versuch mit der Rasierklingenschärfung selbst durchführen.

Endlich war es dann soweit, ich konnte mich mit einer unter der Pyramide wieder geschärften Rasierklinge rasieren!

Vielleicht war mein Bartwuchs zu stark, jedenfalls war das Ergebnis nicht überzeugend. Weitere Versuche mit Lebensmitteln verliefen ebenfalls nicht sehr befriedigend.

Einige Monate später schenkte mir ein Bekannter einen Pyramidengenerator. Das Gerät war etwa 8 mal 12 cm groß und aus goldfarbigem Plastik hergestellt.

Sensationelles versprach der Generator, und er mußte auch nicht, wie die Pyramide, genau in Nord-Süd-Richtung stehen.

Diesmal verzichtete ich nicht mehr darauf, mich elektrisch zu rasieren, sondern versuchte die im Prospekt angegebenen Versuche durchzuführen.

Die Ergebnisse fielen sehr unterschiedlich aus, und ich wußte nicht so recht, wie ich auf dem Gebiet der Pyramidenforschung weiterkommen sollte.

In Diskussionen mit eingefleischten Naturwissenschaftlern schälte sich immer mehr die Subjektivität der Versuche heraus: Wie schmeckt frisches Wasser, wann ist ein Lebensmittel verdorben, welcher Tee hat das bessere Aroma ?

Gerade wenn es sich lediglich um Nuancen oder um Fragen des Geschmacks handelt, ist eine objektive Aussage nur selten möglich; diese Art der Pyramidenforschung führt eindeutig in eine Sackgasse.

Auch das ansonsten ausgezeichnete Buch von Max Toth und Greg Nielsen "Pyramid Power" enthielt keinen Ausweg aus dem Dilemma. Selbst der von den Autoren vorgeschlagene, recht wissenschaftlich anmutende Versuch mit der Regeneration leerer Batterien konnte nicht im gewünschten Umfang nachvollzogen werden.

Die Forschung blieb weiterhin im subjektiven Bereich stecken. Dringend nötig war eine objektive Möglichkeit, die Auswirkung der Pyramidenenergie zu messen oder darzustellen. Da sich die Kraft der Pyramide sehr langsam auswirkt, war keines der üblichen Meßinstrumente geeignet.

Der Durchbruch zeichnete sich erst ab, als ich begann, die Auswirkung dieser Energie auf Kristalle zu studieren.

Im nachhinein erscheint die Idee sehr einfach; Kristalle können aufgelöst werden und bilden sich neu, wenn das Lösungsmittel verdunstet.

Dies dauert 5 bis 10 Tage, also ein verhältnismäßig langer Zeitraum, in dem die Pyramidenenergie wirken kann.

Die Form der Kristalle ist mit einiger Übung gut zu beurteilen; man kann positive und negative Energiestrahler, also auch Pyramiden, damit testen.

Die Entdeckung dieser Testmöglichkeit war ein wichtiger Schritt, aber wie sich zeigen sollte, gab es noch andere, gefährlichere Hürden.

Meine persönliche Vorstellung von Wohnkultur äußerte sich damals in recht kalt wirkenden Materialien wie Glas, Chrom

und großen Spiegeln. Dazu die Grundfarben Schwarz und Weiß.
Was lag näher, als Pyramiden aus Spiegelglas zu bauen ?
Das Grundmaterial war schnell besorgt. Mit einem Glasschneider in die richtige Form gebracht und zusammengeklebt, zierten zwei etwa 20 cm hohe Spiegelpyramiden, Typ "Cheops", mein Schlafzimmer. Dazu kam noch ein auf dem Kopf stehender Kegel, der einer umgedrehten (!) Pyramide glich. Das Ganze war in "Zen-art" arrangiert und erzeugte einen recht futuristischen Eindruck.

Ich arbeitete damals als selbständiger Geschäftsmann und hatte ein recht gutes Jahr, dennoch entstanden immer wieder depressive Zustände.

Gesundheitlich ging es mir ebenfalls nicht besonders gut. Im Laufe von Monaten verdichtete sich die negative Situation und endete schließlich mit einem lebensbedrohlichen Asthmaanfall auf der Intensivstation eines Krankenhauses.

Schwere Krankheiten haben auch ihr Gutes; man ist gezwungen nachzudenken. So bezog ich auch das eigenartige Pyramidenarrangement in meine Überlegungen mit ein.

Erstaunlicherweise hatte ich die mir so "nahestehenden" Pyramiden nicht getestet!

Ich holte das Versäumnis nach, und die gebildeten Kristalle zeigten recht eigenartige Formen - das Kunstwerk landete auf dem Müll!

Oft müssen einen die eigenen Vorstellungen an den Rand der Existenz bringen, bis man bereit ist, eine Korrektur vorzunehmen.

Als eine andere große Hürde bei der Erforschung der Pyramidenenergie erwies sich der "okkulte Nebel".

Gemeint sind damit die Sensationsberichte über parapsychologische Phänomene, die bei näherer Nachprüfung bestenfalls als Anekdoten zu bezeichnen sind.

Um den wissenschaftlichen Charakter zu unterstreichen, wird immer wieder auf den exakten, maßstabsgetreuen Nachbau der

Cheopspyramide hingewiesen. Dies, obwohl keine Daten über die tatsächlichen Ausmaße zur Bauzeit vorliegen und allein in Ägypten Dutzende von Pyramiden mit anderen Abmessungen und Neigungswinkeln existieren!

Wohl wurde über andere Pyramidenformen berichtet, aber über allem stand beherrschend und immer als Nonplusultra dargestellt - die Cheopspyramide.

Jahrelang konnte ich keine Lösung für dieses Problem finden. Auf der einen Seite die Autoritäten, auf der anderen Seite das Gefühl, daß sich die Cheopsform verbessern läßt. Aber wie ?

Ich beschäftigte mich damals auch mit Parapsychologie, und so lag es nahe, eine Lösung im meditativen Traum, also einem Zustand des "Überwach" zu suchen.

Es war ein recht eigenartiges, aber beglückendes Erlebnis, drei übereinander im Raum schwebende Pyramiden zu sehen.

Ich versuchte diesen meditiven Eindruck umzusetzen: drei kleine Cheopspyramiden, die, durch Stecknadeln abgestützt, in einem Abstand von etwa 4 cm übereinander "schwebten", waren schließlich das Ergebnis.

Dieses Modell zeigte bei den Kristallisationen auf Anhieb Ergebnisse, von denen ich nicht (oder doch ?) zu träumen gewagt hatte.

Das Modell wurde von mir später "old Mary" getauft und taucht in den Versuchsreihen der Jahre 1975 bis 1980 immer wieder auf.

Die recht wacklige Konstruktion von "old Mary" wurde in kleinen Schritten immer weiter verbessert, bis schließlich der stabile und zuverlässig arbeitende K-Typ entstand.

Seither begleitet mich diese Pyramidenform auf meinen Reisen, steht im Schlafzimmer und neben dem Schreibtisch.

Eigenartig parallel zu den fast fünfzehn Jahren Pyramidenforschung verlief mein Leben.

Je besser und ausgereifter die Pyramiden wurden, desto größer wurden auch meine persönlichen Erfolge.

Aufgrund zahlreicher Versuche und der Auswirkung der Pyramiden auf mein Leben, bin ich vom Vorhandensein dieser Kraft überzeugt.

Manfred Keppeler Saint Gilles Croix de Vie, Februar 1987

I. PYRAMIDEN - GESCHENKE DER GÖTTER

Die Götter würden im Jahr eins-Schilf wiederkehren, lautete die Prophezeiung, und es war das Schilfjahr, als Montezuma, dem Beherrscher des Aztekenreiches, die Ankunft der weißhäutigen Wesen gemeldet wurde.

Die Spanier, die auf geweihlosen Hirschen (Pferden) ritten und in Eisen gekleidet waren, versetzten das ganze Reich in Aufruhr.

Die Macht Montezumas II. begann zu bröckeln, denn nicht wenige der von ihm unterworfenen Stämme schlossen sich nun den weißen Göttern an, und es ist die bittere Ironie der Geschichte, daß die Befreier später noch grausamere Unterdrücker werden sollten.

Der bunt zusammengewürfelte Haufen der Spanier machte sich politische Situation und Prophezeiung zunutze, und, obwohl zahlenmäßig weit unterlegen, gelangten sie bis vor die Tore der Hauptstadt Tenochtitlan.

Montezuma verhielt sich, eingedenk der Vorhersagen, gegenüber Cortez und seinen Männern zunächst freundlich. Erst als die Spanier indianische Adelige, die anläßlich eines Tanzes die Waffen niedergelegt hatten, grausam niedermetzelten, begannen die Indianer an den weißhäutigen Göttern zu zweifeln.

Bei einem nächtlichen Überfall töteten sie die Hälfte der Spanier und verwundeten die anderen. Hernando Cortez soll nach dieser Nacht (Noche Triste) bitterlich unter einer Zypresse geweint haben.

Der Rückzug führte in die Nähe der Pyramiden von Teotihuacan, der Konquistador hatte aber, aus verständlichen Gründen, wenig archäologisches Interesse an den Pyramidenhügeln. Auf der Spitze der Sonnenpyramide stehend, beobachtete Cortez mit Schrecken, wie sich eine unglaublich große Zahl von Kämpfern sammelte, um die Eindringlinge endgültig zu vernichten.

Von der Anhöhe der Pyramide herab stürzten sich die Spanier in einem verzweifelten Ausbruchsversuch auf das indianische Heer. Der Eindruck, den sie dabei auf die überraschten Indianer machten, und vor allem der Umstand, daß es ihnen gelang, die "Schlangenfrau", den Träger des königlichen Banners, zu töten, ließ sie wieder wie Götter erscheinen.

Entsetzt wichen die Indianer zurück, und Cortez konnte sich mit den Überresten seiner armseligen Streitmacht retten und seine Truppe neu formieren.

Der Konquistador, der vermutlich unter angeborener Syphilis litt, führte nun in unglaublich grausamer Weise die "Befreiung" der Azteken durch.

In wenigen Jahren starben durch eingeschleppte Krankheiten, Kämpfe und Hinrichtungen über drei Millionen Indianer.

Die Religion der Nächstenliebe duldete keine fremden Götter oder Zeugnisse fremder Kulturen. Kunstwerke aus edlen Metallen wurden eingeschmolzen, wertvolle alte Schriften einfach verbrannt.

Die nachfolgenden Priester und Bischöfe führten das Werk der Vernichtung eifrig weiter, bis der Eindruck entstand, die Indianer wären eine minderwertige Rasse, die dringend das Licht der wahren Religion nötig hatte.

Zahlreiche Megalithbauten oder Denkmäler wurden zerstört oder einfach eingegraben, große Bauten geschleift, dem Dschungel überlassen oder mit einer Kirche "gekrönt".

Pyramiden waren höchstens für Schatzsucher interessant, und noch 1697 erhielt der Reisende Careri ausweichende oder nichtssagende Antworten, als er sich in der nur 40 km von Teotihuacan entfernten Hauptstadt Mexico City nach den Pyramiden erkundigte.

Wenige Forscher besuchten die mit Geröll bedeckten und mit Bäumen bewachsenen Bauwerke. Die Ausmaße ließen die Bedeutung dieser künstlichen Berge ahnen; für eine Freilegung und Erforschung fanden sich jedoch keine Geldgeber.

Der mexikanische Archäologe Leopoldo Batres hatte 1890 mit umfangreicheren Arbeiten in Teotihuacan begonnen, mußte aber aus Geldmangel die Grabungen bald wieder einstellen.

Erst als die Sonnenpyramide zum Nationalheiligtum erklärt wurde, begann man mit der endgültigen Freilegung. Rechtzeitig zum 100. Jahrestag der mexikanischen Unabhängigkeit von den Spaniern sollte das riesige Bauwerk der Öffentlichkeit präsentiert werden.

Millionen von Kubikmetern Geröll mußten beiseite geräumt werden. Eine Menge, die sich nur mit dem Einsatz von zahlreichen Arbeitern und einer kleinen, extra gebauten Eisenbahn bewerkstelligen ließ.

Batres stand unter Zeitdruck, konnte aber zu den Unabhängigkeitsfeierlichkeiten im Jahre 1910 die Sonnenpyramide in neuem Glanz erstrahlen lassen.

Später warf man Batres vor, die Sonnenpyramide wie eine Zwiebel geschält zu haben.

Eine dicke Schicht Glimmer, ein Material, das heute als Isolator und Neutronenfänger verwendet wird, wurde auf der obersten Stufe der Sonnenpyramide gefunden. Für Batres genügte es, daß das erstaunliche Pyramidenmaterial gut bezahlt wurde. Die archäologische Bedeutung dieses Fundes war für ihn unerheblich; er erwähnte ihn nicht einmal in seinen Aufzeichnungen.

Ob die physikalischen Eigenschaften des Glimmers für die Wirkung der Sonnenpyramide bedeutsam waren, läßt sich aufgrund des rücksichtslosen Vorgehens des Archäologen nicht mehr klären. Bei anderen Gelegenheiten ließ der Mexikaner einen Torbogen sprengen, um an eine Statue heranzukommen. Nicht ganz zu Unrecht wurde deshalb später die Frage gestellt, wieviel er von seinen Funden unterschlagen und profitabel verkauft hatte.

Tempelpyramide "El Castillo"
Chichen Itza/Mexico (Bild-dpa)

Aus Geldgier, Unverstand oder religiösen Motiven wurden jahrhundertelang wichtige Zeugnisse der indianischen Kultur vernichtet oder so verändert, daß eine Rekonstruktion der Geschichte dieses Volkes fast unmöglich wurde.

Über die tatsächliche Funktion der pyramidenartigen Bauwerke Süd- und Mittelamerikas lassen sich keine genauen Aussagen machen.

Spekulationen, auf spärliche Funde gestützt, sehen Zusammenhänge mit dem versunkenen Atlantis; jener Superzivilisation, die vor Jahrtausenden existiert haben soll.

Eine andere Möglichkeit ist ebenfalls in Betracht zu ziehen. Die meisten Bauwerke sind auf astronomisch bedeutsame Punkte ausgerichtet. Kalender zeugen von den exakten Kenntnissen des Sternenhimmels und einer für uns immer noch unverständlichen Mathematik.

Wie die zahlreichen tonnenschweren Steine für Statuen und Pyramiden bearbeitet und transportiert wurden, läßt sich nur unbefriedigend beantworten.

Hinweise auf fliegende Götter sind in allen Mythen der indianischen Kulturvölker enthalten, so daß die Frage gestellt werden kann:

Waren die Pyramiden Geschenke der Götter ?

Sonnenpyramide
Theotihuacan/Mexico (Bild-dpa)

Wahrsagepyramide
Theotihuacan/Mexico (Bild-dpa)

Ägyptische Pyramiden - Wunder aus Stein

Ebenso gründlich, wie die spanischen Konquistadoren indianisches Kulturgut aufgespürt und vernichtet hatten, waren in Ägypten Grabräuber am Werk gewesen. Welche unermeßlichen Schätze sich in Grabstellen und Pyramiden befanden, läßt sich nur erahnen. Allein die Grabbeigaben des vergleichsweise unbedeutenden Pharaos Tut-ench-Amun sind von atemberaubender Schönheit und unermeßlichem Wert.

Nicht nur Wertgegenstände wurden aus den Gräbern gestohlen, man scheute sich auch nicht, die einbandagierten Mumien meistbietend zu verkaufen.

Welch schwunghafter Handel mit ägyptischen Mumien im Mittelalter betrieben wurde, läßt sich daran erkennen, daß sogar Paracelsus seinen lebensverlängernden Tinkturen pulverisierte Mumien beimischte.

Der englische Arzt Dr. Thomas Pettigrew hatte sich sogar auf öffentliche Vorträge spezialisiert, bei denen als Krönung die Bandagen einer Mumie Schicht für Schicht entfernt wurden.

Die Vorstellungen erfreuten sich großer Beliebtheit, und offensichtlich hatte niemand Bedenken, die Ruhe der Toten in so sensationslüsterner Weise zu stören.

Auch die Bauwerke wurden rücksichtslos behandelt. In die Pyramiden wurden von Schatzsuchern Stollen gesprengt, und mehrere Moscheen des naheliegenden Kairo sind aus dem Kalksteinmantel der Pyramiden gebaut worden.

Touristen ließen mit freudigem Hallo Steine in die Tiefe rollen, bis für die Besteigung der Cheopspyramide autorisierte Führer Pflicht wurden.

Die Geheimnisse der Pyramiden - ein beliebtes Thema

Die Cheopspyramide ist zweifellos das geheimnisvollste Bauwerk auf der Erde. Zahlreich sind deshalb die Spekulationen und Geschichten, die sich um dieses Bauwerk ranken.

Von Napoleon wird erzählt, daß ihn der Besuch der großen Pyramide sehr beeindruckt hat. Er soll sich allein in der Königskammer aufgehalten und angeblich eine Vision gehabt haben. Napoleon selbst hat sich dazu allerdings nur in Andeutungen geäußert, so daß über seine tatsächlichen Erlebnisse nur spekuliert werden kann.

Ebenso ist nicht sicher,ob der sowjetische Ministerpräsident Nikita Chruschtschov von seinem Geheimdienst am Besuch der Cheopspyramide gehindert worden ist. Immerhin wären auch zeitliche Probleme, bei einem Staatsbesuch nicht ungewöhnlich, eine Erklärung für die abgesagte Visite.

Paul Brunton, ein esoterischer Schriftsteller, hat eine Nacht in der Königskammer verbracht und darüber ein Buch verfaßt. Von Einweihungsriten und ägyptischen Göttern ist darin die Rede; genaugenommen ein bißchen viel für eine Nacht. Über die eigentliche Funktion der Pyramide wird nichts Brauchbares ausgesagt. Wenn man sich eingehend mit der ägyptischen Mythologie beschäftigt, bietet dieses Buch keine Überraschung, die nicht mit schriftstellerischer Phantasie erklärbar wäre.

Es ist überhaupt befremdend, daß die Cheopspyramide in der esoterischen Literatur für alle möglichen Okkultphänomene herhalten muß.

So wird der angebliche Zusammenhang zwischen bestimmten Maßen und Ereignissen sogar für Weissagungen benützt.

Allerdings, auch Spekulationen und Prophezeiungen enthalten manchmal ein Körnchen Wahrheit; man tut gut daran, diese Berichte mit Toleranz, aber einer gehörigen Portion Skepsis zu betrachten.

Die Pyramiden - ein ungelöstes Rätsel für die Archäologen

Je mehr von seiten der Okkultliteratur in die Pyramiden hineingeheimnist wird, umso mehr distanzieren sich die Archäologen davon. Bei dem Versuch, mit modernen Geräten Hohlräume in der Pyramide des Chephren aufzuspüren, sind bei der Computerauswertung der Magnetbänder unerklärliche Phänomene aufgetreten. Die Äußerungen des betreffenden Archäologen wurden aber wenig später dementiert. Die erstaunlichen Meßergebnisse waren angeblich ein technischer Fehler.

Überhaupt ist die Archäologie im Zusammenhang mit den Pyramiden sehr zurückhaltend. Die genaue Nord-Süd-Ausrichtung, die zu Stein gewordene Information über den Erdumfang, astronomische und mathematische Daten lassen die archäologische Aussage, die Cheopspyramide wäre nur eine gigantische Grabstätte, etwas banal erscheinen.

Die Bedeutung der großen Galerie

Während die Archäologen noch herumrätseln, zu welchem Zweck die große Galerie gedient hat, kann die Pyramidenforschung eine schlüssige Antwort geben: Als riesiger Sammler konzentrierte die Cheopspyramide Energie hauptsächlich im Innern. Königskammer und große Galerie sind die Orte innerhalb der Pyramide, die die höchste Energiekonzentration aufweisen, was bei Versuchen mit Modellpyramiden leicht nachgewiesen werden kann.

Für magische Praktiken, für die Aufladung von Gegenständen und Nahrungsmitteln, waren diese Räume ideal.

Die Ausrichtung der großen Galerie ist, wie entsprechend den Ergebnissen der Forschung an Modellpyramiden gefolgert werden kann: Nord - Süd !

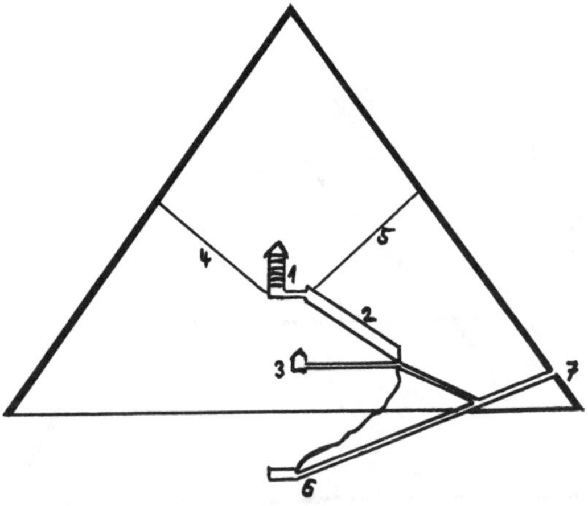

Cheopspyramide
(Querschnitt Nord-Süd)

1 Königskammer
2 große Galerie
3 Kammer der Königin
4 und 5 Luftschacht
6 Stollen
7 Eingang

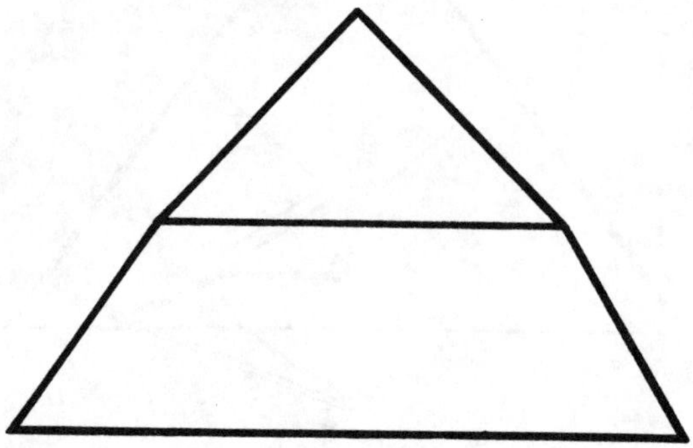

Die Knickpyramide

Es ist immer noch rätselhaft, weshalb der Neigungswinkel dieser Pyramide während der Bauzeit geändert wurde. Vermutet wird, daß die Seitenflächen abrutschten und deshalb aus statischen Gründen der Winkel verändert wurde.

Eine andere Erklärung wäre, daß mit dieser Pyramide experimentiert wurde. Dies wäre ein weiterer Hinweis darauf, daß den Ägyptern die Energiefelder der Pyramiden bekannt waren und sie gezielt versuchten die Wirkung zu verstärken oder zu verändern.

Der Fluch der Pharaonen

Vor einigen Jahren glänzte ein Fernsehprofessor mit süffisanten Bemerkungen über den Fluch der Pharaonen. Das weltbekannte Buch von Phillipp Vandenberg ("Der Fluch der Pharaonen" * Bastei-Lübbe-Verlag) im Visier, war der alerte Herr in seinen Angriffen auf den gesamten "Pyramidenokkultismus" nicht zu bremsen.

In den Bereich der Fabel wurden die mysteriösen Todesfälle im Zusammenhang mit Ausgrabungen verwiesen und "statistisch" untermauert.

Die in der Pyramide enthaltene Information über die Kreiszahl Pi und die genaue Nord-Süd-Ausrichtung wurde ebenfalls als rein zufällig deklariert.

Manche Naturwissenschaftler sind nicht gerade zartfühlend im Umgang mit der Para- oder Okkultwissenschaft. Gerade im Zusammenhang mit den Pyramiden gibt es Beispiele voreiliger, aber mit Vehemenz vertretener Schlußfolgerungen. So stellte sich bei späteren Forschungen heraus, daß der Fluch der Pharaonen tatsächlich auf Realitäten basiert!

Verschiedenen Forschungsteams gelang es nachzuweisen, daß bei den Ausgrabungen bestimmte Myceten (Aspergillus flavus) freigesetzt wurden.

Geschwächte oder mit Lungenleiden behaftete Menschen werden durch diese Mikroroganismen besonders geschädigt, schwerste Erkrankungen und Todesfälle sind die Folge.

Diese humanpathogenen Myceten wurden auch in Gräbern außerhalb Ägyptens gefunden. Der Fluch der Pharaonen war also keine mystische Angelegenheit, sondern basierte auf der Wirkung besonders heimtückischer Mikroroganismen.

Offen ist allerdings, ob den Ägyptern die Wirkung von Aspergillus flavus bekannt war und die Gräber bewußt mit der tödlichen Gefahr verseucht wurden. Aus den deutlichen Warnungen an

Die Cheopspyramide

Der schlechte Zustand dieser Pyramide ist deutlich erkennbar: der Kalksteinmantel fehlt völlig, sogar einige der riesigen Steinquader wurden herausgebrochen. (Bild-dpa) den Wänden der Grabstellen ergibt sich eine hohe Wahrscheinlichkeit für diese Vermutung.

In derselben Weise, wie der Fluch der Pharaonen als pure Phantasie bezeichnet wurde, bis eine wissenschaftliche Begründung gefunden war, wird die Pyramidenenergie als "phantastisch" bezeichnet: eine Aussage, die wirklichen Forscherdrang nicht bremsen sollte. Die meisten Entdeckungen und Erfindungen wurden von Personen gemacht, die sich nicht im Einklang mit der herrschenden Meinung befanden. Offensichtlich ist es nötig, die üblichen Denkschemen zu verlassen, um etwas wirklich Neues zu entdecken und zu erforschen.

Die Cheopspyramide - ein Negativstrahler ?

Der heutige Zustand der Pyramiden muß als desolat bezeichnet werden. Allein die Cheopspyramide hat über 10 Meter von ihrer Höhe verloren, und die Verkleidung der Seiten fehlt vollständig.

Stellt man eine Modellpyramide her und beschädigt sie in demselben Umfang, wie die Cheopspyramide beschädigt ist (Abschneiden der Spitze, Aufrauhen der Seiten), so zeigt sich, daß eine derart mißhandelte Pyramide nur noch einen Bruchteil ihrer Wirkung entwickeln kann.

Das absolut realistische Cheopsmodell, also inklusive der Zerstörungen, zeigt in den meisten Versuchen sogar Negativwirkung. Dies würde schlüssig erklären, warum viele Menschen in der Cheopspyramide von Beklemmung und Angst befallen werden.

Die Argumentation von Skeptikern, die Kraft der Pyramiden müßte sich doch bei der riesigen Cheopspyramide deutlich zeigen, wird dadurch ebenfalls entkräftet.

Für die Funktion der Pyramiden sind vor allem glatte Seitenflächen wichtig; eine Pyramide mit beschädigten Seiten und einer fehlenden Spitze verliert deutlich an Wirkung, und kann, wie sich später noch zeigen wird, sogar zum Negativstrahler werden.

Alle großen Pyramiden sind mutwillig oder durch die Einflüsse der Zeit beschädigt. Es ist bitter, aber jeder, der sich intensiv mit Pyramidenforschung beschäftigt, muß erkennen, daß die Wunder aus Stein heute nur noch Ruinen sind, die nicht mehr allzuviel Aufschluß über ihre frühere Funktion geben können.

Die Marspyramiden

Gespannt wurde von der Öffentlichkeit die Auswertung der Daten verfolgt, die von der US-Weltraum-Sonde Viking übermittelt wurden.

Gibt es Leben auf dem Mars ?

Recht schnell kam von der NASA die Antwort: Nein.

Beruhigt konnte man wieder schlafen. Die Grundfesten der Menschheit waren nicht erschüttert worden, sie konnte sich weiter als "einmalig" betrachten.

Nach und nach wurden allerdings die ursprünglichen Aussagen von der Raumforschungsbehörde revidiert.

Dieselben Geräte, wie sie die Raumsonde an Bord hatte, waren nochmals in der Antarktis getestet worden. Mit Verwunderung registrierten die Wissenschaftler das Ergebnis: Es gibt kein Leben auf der Erde!

Die NASA äußerte sich daraufhin mit einem "entschiedenen jein" auf die Frage, ob es Leben auf dem Mars gibt. Grund für weitere Spekulationen im Bereich der an mysteriösen Ereignissen nicht gerade armen Weltraumfahrt.

Etwas zaghaft sind die NASA-Experten auch bei der Interpretation der Marsbilder.

Inoffiziell sind Bezeichnungen wie "Inkastadt" für besonders auffällige Strukturen auf dem Mars üblich, nach außen gibt man sich aber zugeknöpft.

Auf einigen Bildern sind Gesichter aus Stein und Pyramiden zu erkennen.

Bisher sollen etwa 10 pyramidenartige Bauwerke auf den Marsfotos gefunden worden sein; auf den offiziellen Fotos sind es immerhin zwei!

Johannes von Butlar, Autor der Buches "Leben auf dem Mars", (Herbig Verlag) kommt aufgrund dieser Fotos zu dem Schluß: "Das Marsgesicht und die Pyramiden in der Cydonia-Region können kaum natürlichen Ursprungs sein. Es wäre zu diskutieren, ob nicht eine hochentwickelte Zivilisation vor Hunderttausenden von Jahren auf dem heute lebensfeindlichen Planeten existierte."

Die Pyramiden haben erstaunlicherweise denselben Neigungswinkel wie der K-Typ, und sind, soweit erkennbar, in gutem Zustand.

Schließt sich der Kreis? Oder sind alle pyramidenartigen Bauwerke auf dem Mars und auf der Erde architektonische Erscheinungen oder durch Launen der Natur entstandene Formen?

Form - Materie - Energie
Jeder Körper entwickelt ein Energiefeld; die Pyramide ist der bisher stärkste bekannte "Formstrahler"

Form - Materie - Energie

Mysteriös waren von jeher die Berichte über Pyramiden, über deren Vergangenheit und Bedeutung. Leider haben nicht wenige Autoren die Pyramiden zusätzlich in geheimnisvolles Dunkel getaucht und so Wahrheiten vernebelt.

Auch die Erforschung der Pyramidenkraft ist davon nicht verschont geblieben. Dies ist umso bedauerlicher, als die universelle Kraft der Pyramiden sehr nutzbringend für Mensch und Tier einsetzbar ist.

Die Erkenntnis, daß allein schon die Pyramidenform genügt, um Energie entstehen zu lassen, ist eindeutig die bisher wichtigste Entdeckung im Zusammenhang mit den jahrtausendealten Bauwerken.

Nicht nur die ägyptischen Pyramiden sind Energieerzeuger; auf der ganzen Erde gibt es pyramidenartige Bauwerke, und insbesondere süd- und mittelamerikanische Pyramiden haben ebenfalls enorme Ausmaße mit dementsprechender Wirkung.

Das Prinzip, positive Schwingungen durch Anordnung bestimmter Materialien in einer bestimmten Form zu erzeugen, war also nicht nur den Ägyptern bekannt. Zweifellos ist es ihnen gelungen, diese Energie in "reinster Form" zu erzeugen, so daß den ägyptischen Pyramiden die größte Aufmerksamkeit gebührt.

Orte der Kraft

Rutengänger bestätigen aber auch den meisten europäischen Kultstätten besondere Kräfte. So wurden die Kathedralen des Mittelalters häufig an "Orten der Kraft" errichtet, und manche Megalithbauten der Steinzeit "vibrieren" geradezu.

Erstaunlicherweise kannten unsere Vorfahren also ebenfalls Möglichkeiten, kosmische und terrestrische Kräfte zu konzentrieren.

Die bereits vor Jahrtausenden entstandenen kultischen Anlagen von Stonehenge (Südengland) erzeugen heute noch meßbare Schwingungen.

Infolge der Christianisierung, durch stümperhafte Restaurierungsversuche und in unserer Zeit durch den Tourismus wurden die steingewordenen Zeugen magischer und wissenschaftlicher Kenntnisse vergangener Jahrtausende so verändert, daß viele ihrer Geheimnisse nicht mehr zu enträtseln sind.

Angesichts der meterhohen Steinmonumente kann sich der Laie kaum vorstellen, wie diese Giganten gefällt werden können. Aber das Rezept, aus der Zeit der Christianisierung überliefert, ist recht einfach: das Steinmonument wird durch ein großes Feuer erhitzt und anschließend mit kaltem Wasser übergossen. Durch die große Temperaturdifferenz verursacht, bekommt der Stein Risse; Witterungseinflüsse wie gefrierendes Regenwasser besorgen den Rest.

Eine andere Methode, bei der zwar nicht zerstört wird, die aber ursprüngliche Zwecke wirksam verschleiern hilft, ist der Einsatz eines Pferdegespanns: die Steine werden umgerissen und versetzt.

Mit dieser Methode können in kurzer Zeit und mit wenigen Arbeitskräften erhebliche Schäden verursacht werden.

Vermutlich wurde dieses Verfahren auf den Feldern von Carnac (Bretagne) ausgiebig angewendet, und die nun kilometerlang angereihten Steine hatten ursprünglich ganz andere Anordnungen .

Bei meinen eigenen Untersuchungen stellte sich heraus, daß einige Steine auffällige Bruchstellen hatten, deren Pendant sich an anderen Steinen wiederfand. Mehrere Steine waren offensichtlich auseinandergebrochen, die Bruchstücke weitertransportiert und anschließend neu aufgestellt worden.

Stonehenge

Steinzeitcomputer und Megalithbauwerk zur Sammlung kosmischer Energie ? Sensible Personen spüren die "Vibrationen" dieses Ortes.

Carnac

Kilometerlange Steinreihen aus prähistorischer Zeit. Auch diesen Bauwerken bestätigen Rutengänger eine besondere energetische Ausstrahlung.

Vis vitalis

Auf der Suche nach der vis vitalis, der geheimnisvollen Lebenskraft, erkannten die Alchimisten, daß bestimmte Körper und Mixturen auf unerklärliche Weise lebensspendend waren.

Die Geheimnistuerei der Adepten ging, aus gutem Grund, oft so weit, daß nur sie selbst die Zeichen und Formeln entziffern konnten. Es ist deshalb in den meisten Fällen, trotz vorhandener Schriften, unmöglich, alchimistische Experimente nachzuvollziehen.

Viele Erkenntnisse, Rezepte und "Energieerzeugungsapparate" sind verlorengegangen, oder die Erfinder nahmen ihre Forschungsergebnisse bewußt mit ins Grab, da die Zeit dafür nicht reif war. Deutlicher ausgedrückt: Forschungsergebnisse, die zu sehr vom damaligen, religiösen Weltbild abrückten, wurden mit dem Scheiterhaufen "belohnt".

Über Energieformen, deren Auswirkungen der Pyramidenenergie ähneln, ist aus dem Mittelalter jedenfalls wenig bekannt.

1890 wurden von Oskar Korschelt Kupferscheibensiebe und Holzzylinder in einem flaschenförmigen Gebilde aus Weißblech so angeordnet, daß sich "Lebensenergie" entwickeln konnte.

1936 ließen sich zwei französische Pendelforscher eine "Mumifizierungsbatterie" patentieren. Chaumery und Belizal hatten neun Halbkugeln aus Buchenholz aneinandergereiht und dabei festgestellt, daß Lebensmittel (z.B. Fische) dadurch mumifiziert wurden. Die Halbkugeln hatten übrigens die größte Wirksamkeit, wenn sie in Nord-Süd-Richtung lagen.

(Quelle: Willy Schrödter * "Grenzwissenschaftliche Versuche" * Goldmann-Verlag)

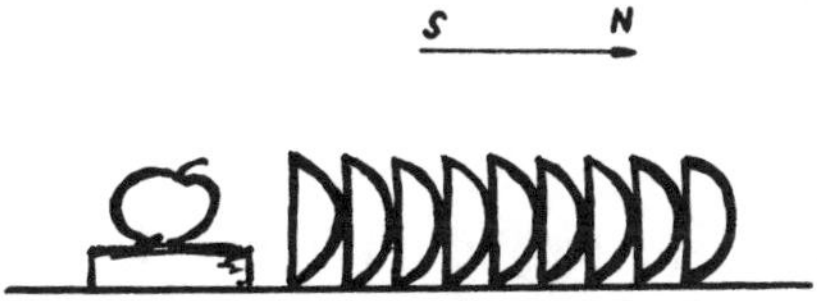

Mumifizierungsbatterie von Leon Chaumery und A. de Belizal. Dieser Apparat wurde 1936 in Frankreich patentiert und soll als Kondensator für den erdmagnetischen Strom wirken. Die Spannung der "Mumifizierungsbatterie" hängt von der Zahl der zusammengefügten Elemente ab, während die Intensität des Stroms vom Durchmesser der aus Buchenholz bestehenden Halbkugeln bestimmt wird.

Orgon

Als Wilhelm Reich, Doktor der Medizin, seine Energie der Öffentlichkeit vorstellte, wurde ihm von weiten Teilen der Ärzteschaft unverhohlenes Mißtrauen entgegengebracht. Später wurden sogar Ermittlungsverfahren gegen ihn eingeleitet, und er starb, unter tragischen Umständen, in einem amerikanischen Gefängnis. Dennoch wird seine Entdeckung auch heute noch zu therapeutischen Zwecken angewendet.

Orgon ist eine Energie, die aus der Anordnung bestimmter Materialien (Eisen, Holz, Glas- und Stahlwolle) entsteht. Die sogenannten Orgonakkumulatoren sind sehr aufwendig in der Herstellung. Allein das Material kostet einige hundert Mark. Die Akkumulatoren sind allerdings so groß, daß man sich hineinsetzen kann; eine Pyramide mit vergleichbarer Größe wäre auch nicht ganz billig.

Die Aufladung mit Orgon soll besonders deutlich spürbar sein, wenn man sich nackt in den mit Eisenblech beschlagenen Kasten setzt.

Phänomene wie Kribbeln der Haut und Wärmegefühl treten auf. Die allgemeine Vitalität soll verstärkt - und damit Krankheiten verhindert werden. Der Orgonakkumulator wird deshalb, entsprechend der Anleitung des Erfinders, in größerem Umfang zur Behandlung von Krankheiten eingesetzt.

Für persönliche Versuche standen mir zwei, in ihrer Bauweise etwas voneinander verschiedene, Orgonakkumulatoren zur Verfügung. Die Versuchsergebnisse waren jedoch nicht überzeugend.

Die Besitzerin des einen Akkumulators benutzte ihn jahrelang. Als bei ihr eine Erkrankung des Unterleibs festgestellt wurde, versuchte sie, diese mit Orgon zu behandeln. Sie starb mit 28 Jahren an Krebs.

Im anderen Fall wollte die Besitzerin des Akkus ihre chronischen Rückenschmerzen behandeln. Nach anfänglicher Euphorie siegte jedoch die Krankheit; die Beamtin mußte frühzeitig pensioniert werden.

Die für den Orgonakkumulator verwendeten Materialien Eisen und Glas(wolle) zeigten bei Versuchen mit den Pyramiden ungünstige Wirkungen - ein Hinweis dafür, daß die Orgonakkus Negativstrahler sein können ?

Bei der Beurteilung des Orgons zeigen sich jedenfalls dieselben Schwierigkeiten wie bei der Pyramidenenergie:

1. Viele Versuche und deren Auswirkungen lassen sich nur subjektiv beurteilen.
2. Versuche werden meist privat und in geringem Umfang durchgeführt. Statistisch signifikante Aussagen sind deshalb nur selten möglich.
3. Die Sammlung von Material auf empirischer Basis läßt wenig Schlüsse zu, da die meisten Berichte emotional eingefärbt sind.
4. Last not least - die etablierte Naturwissenschaft erklärt beide Energieformen zum Nonsens.

Bleibt zu wünschen, daß sich die Anhänger von okkulten Energieformen gegenseitig tolerieren und ihre Erfahrungen austauschen, bis zweifelsfreie Ergebnisse vorhanden sind.

Zurückhaltung ist immer, wie die beiden vorgenannten Beispiele zeigen, bei der Eigenbehandlung von Krankheiten angebracht.

(Quellen: Wilhelm Reich * "Die Entdeckung des Orgons" * Fischer- Verlag,
Ola Raknes * "Wilhelm Reich und die Orgonomie" * Fischer-Verlag)

II. DIE ERFORSCHUNG DER KRAFT DER PYRAMIDE

Unter der Nummer 91304 ist beim tschechoslowakischen Patentamt in Prag ein recht ungewöhnliches Patent registriert:

>> Methode zum Schärfen von Rasiermessern und Rasierklingen <<

Inhaber des Patents: Karel Drbal.
Definition des Patents: "Schärfeerhaltung bei Rasierklingen in einem magnetischen Feld, und zwar so, daß die Schneide in der Richtung der Magnetkraftlinien liegt und mit einer Hohlpyramide aus einem dielektrischen Material, wie hartes Papier oder paraffiniertem Karton, zugedeckt wird."

Darf man dem Erfinder glauben, so schärft seine Pyramide Rasierklingen, ohne "daß zu diesem Zweck irgendeine behilfliche Energiequelle genützt wird; also weder mechanische, thermische, chemische oder elektrische Energie benötigt wird."
Das Patent ist ab 1. April 1952 wirksam.
Auch wenn das Datum einen Aprilscherz vermuten läßt und das Patent recht eigentümlich anmutet: es besteht tatsächlich und ist rechtlich voll gültig!
Entsprechend der Patentvorschrift wurde sogar die Fabrikation dieser Pyramiden aufgenommen.
Entweder war das allgemeine Interesse am Rasierklingenschärfer sehr mäßig, oder - wie der Erfinder argwöhnt, die "Rasierklingenindustrie" übte sanften Druck auf den Hersteller aus - jedenfalls wurde die Produktion sehr bald wieder eingestellt.

Unklar bei dieser Art der Anwendung der Pyramidenenergie bleibt, ob es sich dabei um einen reinen Pyramideneffekt handelt, oder ob nicht allein schon die Ausrichtung von Gegenständen nach dem Magnetfeld der Erde strukturelle Veränderungen bewirkt.
Bekannt ist jedenfalls das Ausrichten von Messern, Sensen oder Feilen nach dem Magnetfeld, um so deren Schärfung zu bewirken. Häufig findet man bei diesen volkstümlichen Schärfungsrezepten noch den Hinweis, die Mondphasen zu beachten.

Das Drbal Patent kann bei berechtigtem Interesse unter der folgenden Bezeichnung angefordert werden:

Patentni Spis c. 91304
Karel Drbal, Praha
Zpusob udrzovani holicich noziku a britev ostrymi
Prihlaseno 4. listopadu 1949 (P2399-49)
Platnost patentu od 1. dubna 1952

Karl Drbal, der einige Jahre nach Anerkennung seines Patents in die USA emigrierte, gilt dennoch als Pionier der Pyramidenforschung. Seine Versuche und Erklärungen sind auch heute noch lesenswert und finden sich beispielsweise auch in "Pyramid Power".

"Pyramid Power" muß als Schlüsselbuch zum Thema Pyramidenenergie bezeichnet werden. Es enthält neben Drbals Versuchen zusätzlich Ansatzpunkte und interessante Überlegungen zum Thema Pyramidenenergie.

Außerdem sind darin zahlreiche praktische Anwendungsmöglichkeiten der Pyramide beschrieben.

Leider sind viele der geschilderten Experimente nicht oder nur teilweise nachvollziehbar, und die Theorien des Autorenteams Toth-Nielsen zur Pyramidenenergie enthalten mehr mystische Stilübungen als tiefschürfende Gedanken.

Trotz der offensichtlichen Schwächen gehört "Pyramid Power" zur Pflichtlektüre des Pyramidenforschers.

* "Pyramid Power" * Max Toth und Greg Nielsen * Bauer Verlag Freiburg *

Professor Müllers Entdeckung

Zu erstaunlichen Ergebnissen kommt der in Oberitalien wohnende Metaphysiker Prof. Erich Müller. In zahlreichen, sehr objektiv durchgeführten Versuchen wies er Kraft und Wirkung der Pyramiden nach.

Seine Broschüre "Pyron - Kraft aus dem Kosmos" enthält eine Reihe interessanter Aussagen:

"Untersuchungen haben gezeigt, daß Pyron (=Pyramidenkraft) die Entwicklung von Wasserschnecken erheblich beeinflußt.

In vielen Aquarien leben besonders vermehrungsfreudige, flachschalige Schnecken der Gattung Isognostoma, an deren Laich die Entwicklung besonders gut zu beobachten ist.

Ihr Gelege umfasst in der Regel zwischen 8 und 12 Eiern. Bei den Kontrollschnecken verläuft die Entwicklung normal, d.h. alle Eier wachsen koordiniert bis zum Ausschlüpfen heran. Im gleichen Gelege findet man dabei auch bei allen Eiern dieselbe Entwicklungsstufe. Dagegen stellt sich bei den Schnecken, die bereits vor der Laichablage unter die Pyramide verbracht worden sind, ein merkwürdiges Phänomen ein. Ihre Eier zeigen - obwohl gleich "alt", weil gleichzeitig abgelegt - verschiedene Entwicklungsstufen.

So können ungefähr 3-4 Wochen nach Laichablage in einem Laichpaket Eier gefunden werden, die sich noch in einem sehr frühen Stadium befinden, während andere bereits ihre Schale (Schneckenhaus) ausgebildet haben und nahezu schlupfreif sind.

Nach etwa derselben Zeit aber stirbt das gesamte Gelege ab (Überstrahlung durch das Pyron ??), und es kommt nie zu einem Verlassen der Eihäute sowie der Gallerthülle.

Anfänglich ist auch bei diesen Schnecken eine signifikante Beschleunigung ihrer Embryonalentwicklung gegenüber jenen Tieren aus den Kontrollgläsern zu registrieren."

(Quelle:" Pyron - Energie aus dem Kosmos " * Prof. Erich Müller * Aurora Via Cavour 84 * I-56041 * Castelnouvo V.d.C. * Pisa)

Aktuelle Pyramidenforschung

Forschen im Parabereich heißt: Forschen auf eigene Kosten, Forschen ohne Anerkennung durch die etablierte Wissenschaft, und leider auch Forschen gegen die Widerstände aus den eigenen Reihen.

Besonders bitter und entmutigend wirkt sich der letztgenannte Punkt aus. Soll man seine mühsam erarbeiteten Forschungsergebnisse herausgeben, sie zur Diskussion stellen und sich anschließend mit banalen Argumenten herumschlagen?

Oder, wie es früher üblich war, diese Ergebnisse als Geheimwissen betrachten und nur einem kleinen Kreis von Adepten zugänglich machen ?

Lassen Sie mich die letzten Sätze an einem Beispiel deutlich machen, das ein anderes Paragebiet betrifft:

Ein hochqualifizierter Wissenschaftler hat für die Parapsychologische Forschungsgesellschaft Augsburg e.V. Daten über den Biorhythmus gesammelt.

Es wurden über 20 000 Einzeldaten nach streng mathematisch-statistischen Gesichtspunkten ausgewertet und das Ergebnis zeigte eindeutig, daß die dem Biorhythmus zugrundeliegenden Aussagen falsch sind; seine praktische Verwendbarkeit also lediglich auf dem Placeboeffekt beruht.

Diese Dokumentation interessiert aber niemand: Die Wissenschaft lehnt den Biorhythmus sowieso ab, insofern ist ein Beweis für dessen Unbrauchbarkeit unnötig. Bei den Esoterikern wird an den Biorhythmus geglaubt; ein Gegenbeweis stößt daher von vornherein auf Skepsis und Ablehnung.

Die Reaktion von beiden Seiten auf die umfangreiche, sorgfältige und wissenschaftlich einwandfreie Arbeit über den Biorhythmus kann am besten mit einer Textstelle aus einem populären Schlager charakterisiert werden: "Weißt du, du hast schon recht - aber wer will's wissen ?"

Die "exakten Winkel" und andere Irrtümer

Die Pyramidenforschung hat ebenfalls einige "heilige Kühe" parat. Bereits in der Einleitung wurde von mir auf den Irrtum mit der Cheopspyramide hingewiesen. Im folgenden Kapitel werden zahlreiche Versuche bestätigen, daß die Cheopsform nicht die alleinseligmachende ist, ja daß sie sogar in einigen Bereichen schädliche Wirkungen zeigt.

Der gern zitierte exakte Winkel (phi "Cheops" = 51 Grad, 52 Minuten, 10 Sekunden) soll den Eindruck von Wissenschaftlichkeit erwecken. Dabei sind in der Praxis Winkelabweichungen unter einem Grad kaum meßbar. Experimentell wirken sich Winkelabweichungen bis zu fünf Grad kaum aus.

Immer wieder wird der Rasierklingenversuch mit seinen phantastischen Ergebnissen beschrieben. Auch dieses Buch enthält aus Gründen der Vollständigkeit einen entsprechenden Absatz. Aber ist dieser historische Versuch wirklich aussagekräftig ?

Bei meinen Versuchen konnte ich diesen Effekt jedenfalls nicht eindeutig nachweisen. Selbst mit dem Elektronenmikroskop war keine Veränderung an der Rasierklingenschneide erkennbar.

Pikanterweise wurde das von mir an eine Zeitschrift eingereichte Foto später mit anderem Text veröffentlicht: natürlich als positiver Beweis für die Rasierklingenschärfung unter der Pyramide!

Zeitschriften und leider auch Bücher müssen Sensationen enthalten, sonst werden sie nicht gelesen. An sich wären diese kleinen Mogeleien und dramaturgischen Effekte auch nicht schlimm, wenn man dadurch als ernsthaft Forschender nicht so oft auf Abwege geführt werden würde.

Wer für sich selbst herausfinden möchte, ob der Rasierklingenversuch tatsächlich funktioniert - oder ob es sich um eine "Ente" handelt, wird dafür mindestens 6 Monate aufwenden müssen. Wer aber kann so viel Zeit aufwenden, nur um eine einzige Aussage nachzuprüfen ?

Im folgenden Kapitel über meine eigenen Forschungen wurde deshalb wenig Wert auf Sensationen gelegt. Eine möglichst klare und ehrliche Darstellung der Versuche soll zeigen, wie die Pyramide wirkt und wofür sie tatsächlich einsetzbar ist.

Ist die Pyramidenenergie meßbar ?

Geschmack und Aussehen von Lebensmitteln lassen sich nur subjektiv beurteilen und verhindern brauchbare Aussagen über die tatsächliche Wirkung der Pyramidenkräfte genauso wie der in der Literatur immer wieder auftauchende Okkultnebel.

Wer vernünftige Pyramidenforschung betreiben will, braucht zuerst ein Instrument, mit dem sich diese Energie zuverlässig messen läßt.

Die üblichen Meßgeräte sprechen auf die Pyramidenenergie nicht an - wie auch, wenn diese Energieform noch nicht einmal definiert ist ?

Messungen mit Wünschelrute oder Pendel sind nur sensitiven Personen möglich und zudem anfällig für Störungen.

So bietet sich als Ausweg die indirekte Messung an, bei der man die P-Energie auf sich verändernde Systeme über einen längeren Zeitraum einwirken läßt:

Lebende Hefe- oder Pilzkulturen und Eier von Fischen oder Fröschen verändern sich ständig, eine biologisch aktive Energie wirkt sich auf deren Wachstum aus. Aufgelöste Salze bilden beim Verdunsten des Lösungsmittels Kristalle. Die Form der Kristalle wird von der Pyramidenenergie beeinflußt.

Mit diesen Meßmethoden können objektive Nachweise für die Pyramidenenergie erbracht werden. Bei den folgenden Versuchsbeschreibungen wurde deshalb auf die Wiedergabe der natürlich ebenfalls durchgeführten Versuche im subjektiven Bereich ("Geschmack" von Wasser, "Bekömmlichkeit" von Lebensmitteln) verzichtet.

Welcher Kaffee schmeckt am besten ?
Mit Pyramidenenergie aufgeladener Kaffee oder Tee hat mehr Aroma und ist bekömmlicher. Um die Wirkung verschiedener Pyramiden zu vergleichen ist diese Methode jedoch zu subjektiv.

Kristallbildung als "Meßinstrument"

Die Kristallbildung von organischen und anorganischen Stoffen hat sich als probates Mittel zum Testen der Pyramidenenergie erwiesen. Das bekannteste anorganische Salz ist Natriumchlorid oder schlicht Kochsalz. Aber auch organische Stoffe wie Ascorbinsäure (Vitamin C) bilden Kristalle, und erstaunlicherweise lassen sich sogar Eiweißstoffe kristallisieren.

Für die Pyramidenforschung eignen sich einfache anorganische Verbindungen am besten:

Kupfersulfat (Kupfervitriol, $CuSO_4+5H_2O$) bildet tiefblaue parallelogrammartige Kristalle. Es ist nicht schwierig, Kristalle bis zu 5 cm Länge zu züchten. Die Größe der Kristalle vereinfacht die Beurteilung erheblich. Für Versuche mit der Pyramidenenergie ist diese Substanz sehr gut geeignet.

Kaliumdichromat ($K_2Cr_2O_7$)
Nach dem Verdunsten des Lösungsmittels (Wasser) bleiben rechteckige bis quadratische orangefarbige Tafeln mit 1 bis 2cm Kantenlänge zurück. Sehr schöne Kristalle, jedoch im Hinblick auf die P-Wirkung schwer zu beurteilen.

Eisensulfat ($FeSO_4 + 7\ H_2O$)
Leicht züchtbare grüngelbe Kristalle, deren Kanten jedoch etwas weniger exakt sind wie beim Kupfersulfat.

Kochsalz (Natriumchlorid / NaCl)
Es bilden sich kleine würfelförmige Kristalle. Die Beurteilung der Kristalle ist problematisch; für P-Versuche ist Kochsalz weniger geeignet.

Organische Stoffe:
Der Umgang mit den meisten organischen Chemikalien erfordert Fachwissen und apparativen Aufwand. Versuche von Laien sollten mit diesen Stoffen nicht gemacht werden.

Über den Umgang mit Chemikalien:

Wer mit den beschriebenen Salzen experimentiert, braucht keine Spezialausbildung; es genügt, diese Stoffe mit derselben Vorsicht zu behandeln wie Haushaltsreiniger.

Die Lösungen haben teilweise sehr schöne Farben und können trotz des bitteren Geschmacks mit Getränken verwechselt werden. Leider zeigt die Erfahrung, daß selbst so unappetitliche Stoffe wie Bohnerwachs oder WC-Reiniger versehentlich gegessen bzw. getrunken werden. Für Kleinkinder oder Haustiere sollten deshalb Chemikalien grundsätzlich nicht zugänglich sein.

Kennzeichnen Sie die Salze und deren Lösungen deutlich, um Verwechslungen auszuschließen - und wählen Sie einen sicheren Aufbewahrungsort!

Gefüllte Kristallisierschalen sollten nicht unbedingt auf wertvolle Möbel gestellt werden, da es immer wieder vorkommt, daß eine Schale umgestoßen wird.

Gelöste Stoffe neigen zum "Kriechen", d.h. sie bilden Krusten, die über den Rand der Kristallisierschalen hinausgehen; die Krusten können abbrechen und unter ungünstigen Umständen Flecken auf der Unterlage bilden. Aus den genannten Gründen sollte die Unterlage bei Kristallisationen so gewählt werden, daß sie möglichst erschütterungsfrei ist - und eventuell ein paar Flecken verträgt.

Einfache Holzbretter oder kräftiger Pappkarton sind beispielsweise gut geeignete Unterlagen. Wegen möglicher Rückwirkungen auf die Pyramiden ist Metall nicht verwendbar.

Superkristalle durch die Pyramide

Das Rezept ist einfach: Kupfersulfat (aus der Apotheke) wird mit destilliertem Wasser aufgelöst, in eine Schale gefüllt und unter die Pyramide gestellt.

Zur Kontrolle wird eine andere Schale, ebenfalls mit Lösung gefüllt, unter einen normalen Karton gestellt.

Nach etwa acht Tagen sind wieder feste Kristalle in den Schalen; ein Vergleich zeigt, was die Pyramide leisten kann!

Dieses Verfahren eignet sich nur für den Hausgebrauch, wer genaue Ergebnisse möchte, z.B. beim Wirkungsvergleich verschiedener Pyramiden, muß etwas sorgfältiger arbeiten:

Kupfersulfat wird in kaltem destilliertem Wasser gelöst, wobei eine kleine Menge des Sulfats auf dem Boden des Gefäßes ungelöst zurückbleiben sollte (kalt gesättigte Lösung).

Die tiefblaue Lösung wird zweimal gefiltert (notfalls mit einem Kaffeefilter) und dann einen Tag stehengelassen.

Zum Kristallisieren verwendet man am besten Petrischalen aus Plastik, wie sie in Apotheken oder Geschäften für Laborbedarf erhältlich sind.

(Bezugsquelle für Laborartikel: Fa. Brand * Postfach 310 * D-6980 Wertheim/M * Bezugsquelle für Chemikalien : Fa. Merk * Postfach * 4119 * D-6100 Darmstadt 1 * Diese Firmen liefern bei kleineren Bestellmengen nicht selbst, nennen aber auf Anfrage den regional zuständigen Großhändler).

Bei Glasschalen oder Plastikbehältern aus dem Haushalt (Joghurtbecher etc.) sind die Ergebnisse undeutlicher, diese Behälter sollten nur im Ausnahmefall Verwendung finden.

Die filtrierte Salzlösung wird bis knapp unter den Rand eingefüllt; hierzu kann eine Pipette verwendet werden, um genau gleiche Flüssigkeitsmengen zu erhalten.

Die Lösung wird nun unter Pyramiden und Kontrollkörper gestellt, wobei darauf zu achten ist, daß die Flüssigkeit verdunsten kann: Pyramiden und Kontrollkörper auf kleine Klötzchen stellen! Für diesen Zweck haben sich Legobausteine als recht brauchbar erwiesen.

Die ersten 3 - 4 Tage läßt man die Kristallisationen am besten in Ruhe. Dann kann man vorsichtig die Pyramiden anheben und nachkontrollieren, ob bereits Kristalle sichtbar sind.

Je nach Standort, Raumtemperatur und Luftfeuchtigkeit ist die Kristallisation nach 8 bis 10 Tagen beendet.

Die Kristalle können mit farblosem Lack konserviert und so noch nach Jahren für Vergleichszwecke benutzt werden.

Andere kristallbildende Stoffe wie Kochsalz, Alaun, Seignettesalz etc. können ebenfalls verwendet werden. Die Beurteilung dieser Kristalle ist jedoch ungleich schwieriger als beim Kupfersulfat.

Bei einiger Übung mit dem beschriebenen "Meßverfahren" können die unterschiedlichen Pyramidentypen recht gut in ihrer Wirkung verglichen werden.

Bewertet werden die Kristalle nach dem in unseren Schulen üblichen System: 1 - sehr gut, 2 - gut, 3 - befriedigend, 4 - ausreichend, 5 - mangelhaft, 6 - ungenügend.

Pyramidentest im Labor: Genormte Gefäße, standardisierte Lösungen und sauberes Arbeiten sind Voraussetzung für aussagekräftige Ergebnisse.

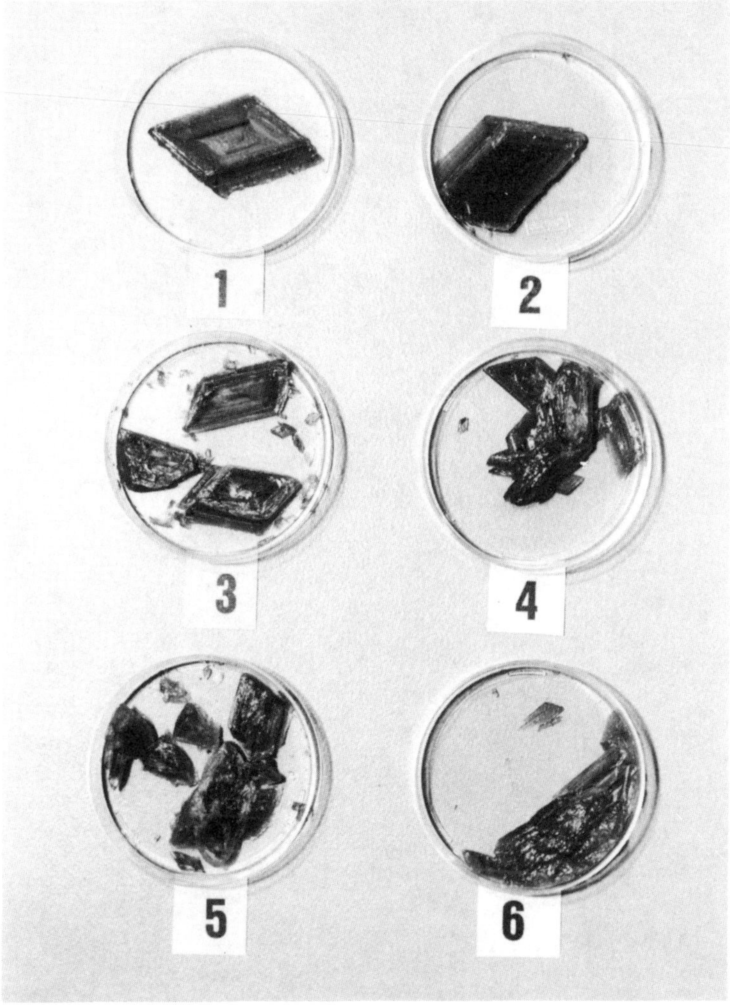

Bewertung der Kupfersulfatkristalle

Von Pyramide zu Pyramide

Die beschriebene Testmethode, Kristallisation von Kupfersulfat, wurde bei verschiedenen Pyramidentypen ausprobiert und so Bauweise, Material und Form der Pyramide schrittweise verbessert.

Ein kurzer Satz, hinter dem sich mehr als 10 Jahre aufwendige Pyramidenforschung verbergen !

Die ersten Pyramidenversuche wurden von mir 1976 durchgeführt; erwähnenswert sind der berühmte Rasierklingenversuch und die Aufladung verschiedener Lebensmittel. Auch einige Kristallisationen datieren bereits in diesen Zeitraum.

Nach wissenschaftlichen Gesichtspunkten wurde aber erst drei Jahre später experimentiert: Die ersten genauen Aufzeichnungen über einen Versuch wurden am 8.1.1979 gemacht.

Bis zum 20.4.1987 wurden genau 37 Versuchsserien mit 481 Einzelversuchen dokumentiert. Kleinere Nebenversuche sind in dieser Zahl nicht enthalten, ebensowenig die Tests vor dem 8.1.79. So kann von einem Erfahrungswert von über 1000 Einzelversuchen ausgegangen werden. Versuche von grundlegender Bedeutung wurden mehrfach gemacht, um wirklich gesicherte Ergebnisse zu erhalten.

Erst nach mehreren Jahren mit "Mischversuchen", also verschiedenen Pyramidentypen aus verschiedenen Materialien, zeichneten sich Grundtendenzen ab, und es konnte mit gezielten Reihenversuchen begonnen werden: Die Wirkung bestimmter Faktoren wurde nun einzeln getestet, und das unübersehbare Wirrwarr an Ergebnissen ließ sich wie ein Puzzle zu einem Bild zusammenfügen.

Test: Auswirkung farbiger Pyramidenoberflächen

Versuche vom: 27.5./3.6./26.7. und 24.8.81

Durchschnittliche Beurteilung:

Kartonpyramide K-Typ Höhe 18cm	gelb	2,6
Kartonpyramide K-Typ Höhe 18cm	rot	2,4
Kartonpyramide K-Typ Höhe 18cm	grün	2,5
Kartonpyramide K-Typ Höhe 18cm	silber	2,3
Kartonpyramide K-Typ Höhe 18cm	schwarz	2,5
Kartonpyramide K-Typ Höhe 18cm	blau	2,3
Kartonpyramide K-Typ Höhe 18cm	weiß	2,4

(Die Durchschnittsbewertung wurde aus vier gleichartigen Versuchsserien errechnet).

Ergebnis: Die Bedeutung der Farben auf den Außenflächen der Pyramide scheint hauptsächlich psychologischer oder esoterischer Natur zu sein.

Rückwirkungen der Farben im Experiment sind, wenn überhaupt, auf einfache thermische Vorgänge, d.h. unterschiedliche Erwärmung der Außenflächen, zurückzuführen.

Test: Pyramidenwinkel

Insgesamt fünf Versuche im Zeitraum von 1983 bis 1985:

Kupferpyramide	Neigungswinkel 30 Grad	4,4
Kupferpyramide	Neigungswinkel 40 Grad	4,5
Kupferpyramide	Neigungswinkel 45 Grad	4,2
Kupferpyramide	Neigungswinkel 50 Grad	3,4

Kupferpyramide	Neigungswinkel 55 Grad	2,7
Kupferpyramide	Neigungswinkel 60 Grad	2,0
Kupferpyramide	Neigungswinkel 65 Grad	1,8
Kupferpyramide	Neigungswinkel 70 Grad	2,2
Kontrollkörper	Kupfer (Trichter ca. 60 Grad)	3,1
Kontrollkörper	Karton rechtwinklig	4,3

Ergebnis: Positive Wirkung im Bereich des für den Raum Augsburg (Mitteleuropa) gültigen Inklinationswinkels von ca. 67 Grad. Erstaunlich negative Ergebnisse für den Cheopswinkel (51 Grad). Extreme Winkel (10 Grad) wurden nicht geprüft, da der Bau entsprechender Pyramiden und deren Test besondere Probleme aufwirft.

Test: Baumaterial

Kupferpyramide 51 Grad Höhe 14cm Cheops	3,1
Kupferpyramide 62 Grad Höhe 18cm K-Typ	1,8
Kupferpyramide 70 Grad Höhe 18cm K-Typ	1,9
Kupferpyramide 51 Grad Höhe 20cm	3,3
Holzpyramide 55 Grad Höhe 20cm	4,5
Glaspyramide 50 Grad Höhe 15cm Cheops	4,8
Glaspyramide 65 Grad Höhe 18cm K-Typ	2,0
Styroporpyramide 50 Grad Höhe 30cm	5,4
Kartonpyramide 50 Grad Höhe 14cm	4,2
Kartonpyramide 70 Grad Höhe 18cm	4,3
Wellpappe - Pyramide 50 Grad Höhe 30cm	5,2
Plastikpyramide 50 Grad Höhe 20cm Cheops	2,8
Plastikpyramide 65 Grad Höhe 18cm K-Typ	2,1
Eisenblech - Pyramide 50 Grad Höhe 20cm	4,8
Wachspyramide 50 Grad Höhe 15cm	3,5
Messingpyramide 50 Grad Höhe 20cm Cheops	2,5
Messingpyramide 65 Grad Höhe 18cm K-Typ	2,1

Aluminiumpyramide 50 Grad Höhe 25cm	3,7
Kontrollkörper Pappkarton rechteckig	3,5
Kontrollkörper Keramiktopf	3,2
Kontrollkörper Plastiktrichter 60 Grad	2,9
Kontrollkörper Einweckglas groß	3,8

Ergebnis: Auch hier gab es eine Überraschung. Das wenig "esoterische" Plastik (Epoxyd-Harz) zeigte recht gute Ergebnisse. Der Favorit unter allen verwendeten Materialien war eindeutig das Kupfer (SF Kupfer mit einem Cu-Gehalt von 99,9%).

Neben den vorliegenden Auszügen aus den wichtigsten Testserien wurden zahlreiche andere Versuche gemacht, um auch die Wirkung außergewöhnlicher Pyramidenformen oder Anordnungen zu überprüfen. Lange Zeit wurde mit dreifach-Pyramiden, also drei übereinander angeordneten Pyramiden, experimentiert, bis schließlich eindeutig feststand, daß dieser Pyramidentyp keine Wirkungssteigerung brachte.

Manche Materialien (Wellpappe, Styropor) ließen bereits nach wenigen Versuchen einen eindeutigen Trend erkennen und konnten ausgesondert werden; andere Materialien (Pappkarton mit Plastikfolie überzogen) wurden bei zahlreichen Experimenten mitgeschleppt, bis sie endgültig verworfen wurden.

Von Versuch zu Versuch konnten so kleine Verbesserungen erzielt oder zumindest bisherige Ergebnisse untermauert werden.

Von Pyramidenform zu Pyramidenform, von Anordnung zu Anordnung, von Baumaterial zu Baumaterial wurde schließlich die Idealform mit konstant positiver Wirkung gefunden : Die Pyramide aus Kupfer mit einem Neigungswinkel von 65 Grad (K-Typ).

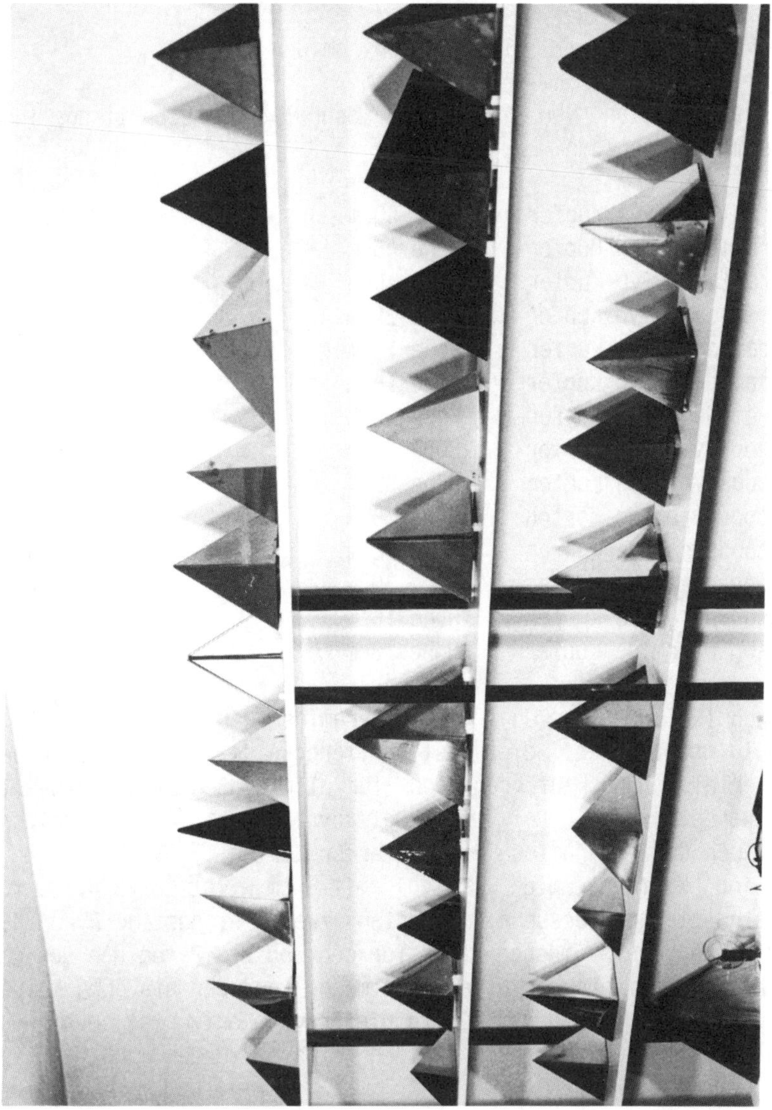

Test: Großpyramiden

Kristallisation von 20ml $CuSO_4$ Lösung - Durchschnitt aus insgesamt 8 Versuchen:

Pyramide K-Typ Kupfer	Höhe 60cm	2,5
Pyramide K-Typ Kupfer	Höhe 45cm	2,3
Pyramide K-Typ Kupfer	Höhe 30cm	2,4
Pyramide K-Typ Kupfer	Höhe 25cm	2,5
Pyramide K-Typ Kupfer	Höhe 18cm	2,2
Pyramide K-Typ Kupfer	Höhe 15cm	2,2
Pyramide K-Typ Kupfer	Höhe 12cm	2,3
Cheopspyramide Karton	Höhe 45cm	4,4
Cheopspyramide Karton	Höhe 30cm	4,1
Cheopspyramide Karton	Höhe 15cm	4,2
Cheopspyramide Kupfer	Höhe 40cm	3,5
Cheopspyramide Kupfer	Höhe 30cm	3,2
Cheopspyramide Kupfer	Höhe 15cm	3,1
Cheopspyramide Kupfer	Höhe 8cm	3,4

Ergebnis: Die Wirkung großer Pyramiden war allgemein geringfügig schlechter, dies ist möglicherweise auf die Stärke des Materials zurückzuführen, da für alle Größen dieselbe Stärke verwendet wurde. Bei den Kupferpyramiden 1,2mm Kupferblech, bei den Kartonpyramiden 2,4mm starker Karton.

Eine Kupferpyramide (K-Typ) mit 60cm wiegt ca. 5kg. Da für systematische Versuche mindestens zwei gleichartige Pyramiden vorhanden sein müssen, war für den Bau der Pyramiden des geschilderten Versuchs eine Gesamtmenge von mehr als 50kg reinem Kupfer nötig - damit dürfte die Frage beantwortet sein, weshalb nicht noch größere Pyramiden getestet wurden.

Test: "Magische Baumaße"

Kristallisation von 20ml $CuSO_4$ Lösung - Durchschnitt aus insgesamt 3 Versuchen:

Pyramide K-Typ Kupfer Seitenlänge 23cm	2,1
Pyramide K-Typ Kupfer Seitenlänge 17cm	1,9
Pyramide K-Typ Kupfer Seitenlänge 13cm	2,2
Pyramide K-Typ Kupfer Seitenlänge 8cm	2,4
Cheopspyramide Kupfer Seitenlänge 23cm	3,4
Cheopspyramide Kupfer Seitenlänge 13cm	3,2
Cheopspyramide Kupfer Seitenlänge 8cm	3,6
Cheopspyramide Kupfer Seitenlänge 7cm	3,5

Ergebnis: "Magische Baumaße" oder "Schwingungszahlen" hatten keinen nachweisbaren Einfluß. Das Cheopsmodell mit 23cm (230m bei der richtigen Cheopspyramide) zeigte in etwa dieselben Ergebnisse wie eine Pyramide mit 8cm Seitenlänge.

Die Sphären der Pyramide

Beeindruckende Graphiken von kegel- oder kugelförmigen Feldern um die Pyramiden finden sich in der einschlägigen Literatur. Diese mit Pendel oder Wünschelrute gefundenen Sphären sind jedoch in der Praxis kaum nachprüfbar und werden je nach Sensitivität auch verschieden empfunden.

Falsch ist ganz offensichtlich die Behauptung, daß die Pyramiden nur im Innenraum wirken.

Test: Wirkbereich der Pyramide

Bei Kristallisationen mit Pyramiden des K-Typs (65 Grad, 18cm Höhe, Kupfer) ergab sich aus drei Versuchsserien folgende Durchschnittswertung:

Von der Pyramide 2m entfernt	4,0
von der Pyramide 1m entfernt	3,5
nahe an der Pyramide (30cm)	2,3
zwischen zwei Pyramiden (Abstand 10cm)	1,9
unter der Pyramide A	2,1
unter der Pyramide B	2,0
Kontrollkörper rechteckiger Karton	3,8

Kleine Abweichungen (bis zu einer halben Note) sind aufgrund der angewandten Bewertungsmethode nicht aussagekräftig. Abweichungen von mehr als einer Note verdienen jedoch Beachtung - dies gilt für alle Kristallisationsversuche mit der Pyramide.

Ergebnis:

Selbst bei vorsichtiger Interpretation ist erkennbar, daß die Wirkung der Pyramiden von der Entfernung abhängig ist.

Die Wirkung kleiner Pyramiden (18cm Höhe) ist nach etwa 2 Metern nicht mehr nachweisbar.

Wie weitere Versuche zeigten, ist das Feld größerer Pyramiden (Höhe 60cm) nicht 3 mal so groß, wie man vielleicht vermuten würde; die 60cm Pyramiden hatten lediglich ein Wirkfeld von etwa 3 Metern.

Für die Praxis bedeutet dies, daß das Aufstellen mehrerer kleiner Pyramiden bessere Erfolge bringt, als eine große Pyramide.

Minipyramiden (Höhe weniger als 5cm) zeigten bei Versuchen keine erkennbare Wirkung - was nicht automatisch bedeutet, daß sie völlig wirkungslos sind. Ihre Anwendung erscheint aufgrund der offensichtlich geringen Wirkung aber wenig sinnvoll.

Test: Wirkung der Pyramidenkraft in Abhängigkeit zur Höhe.

Cu-Pyramide K-Typ 60cm Höhe, Kristallisierschalen mit 20ml kaltgesättigter $CuSO_4$ Lösung. Die Schalen sind an zwei Kartonstreifen in Abständen von je 5cm befestigt und wurden im Innenraum der Pyramide aufgestellt.

Durchschnittsbewertung aus 4 Versuchsserien:

Boden	2,4
5cm Höhe	2,5
10cm Höhe	2,7
15cm Höhe	2,2
20cm Höhe	2,1
25cm Höhe	2,4
30cm Höhe	2,4
35cm Höhe	2,6
40cm Höhe	2,5
45cm Höhe	2,7

Ergebnis:

Eine deutliche Bevorzugung einer bestimmten Höhe konnte bei diesem Versuch nicht festgestellt werden: offensichtlich ist der gesamte Innenraum positiv wirksam. Ein leichter Überhang besteht bei den Werten, die etwa in der Drittelhöhe der Pyramide liegen.

Test: Abhängigkeit der Wirkung von den Himmelsrichtungen

Getestet wurde wiederum eine große Kupferpyramide (K-Typ 60cm Höhe). Pro Versuch wurden vier Kristallisierschalen unter die Pyramide gestellt. Die Grundfläche der Pyramide wurde in vier gleichgroße Felder (Quadranten) eingeteilt.
Aus 3 Versuchsserien ergaben sich folgende Durchschnittswerte:

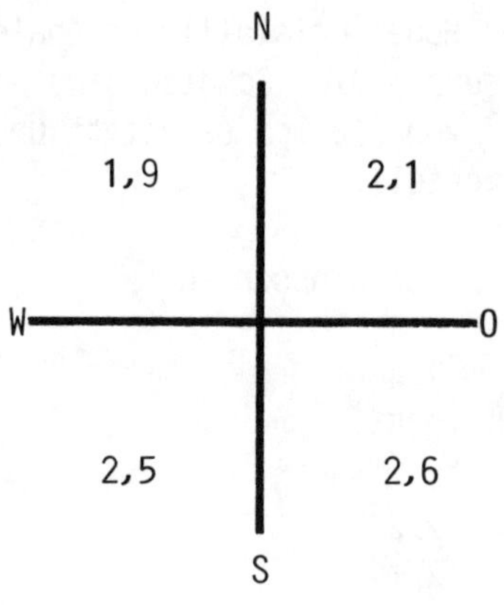

1. Quadrant 1,9
2. Quadrant 2,1
3. Quadrant 2,5
4. Quadrant 2,6

Ergebnis: In der Nähe der Nordseite ist die stärkste Wirkung vorhanden. Im Hinblick auf die Kristallbildung ist die "Nordwirkung" sogar stärker als die "Drittelhöhe".

Test: Pyramiden und Radioaktivität

Wird eine Pyramide zwischen Strahlungsquelle und Meßgerät gebracht, so verringert sich die meßbare Strahlung, da das Pyramidenmaterial Strahlung absorbiert.

Dies ist an sich keine spezifische Pyramidenwirkung, da jeder andere Körper in Abhängigkeit zu seiner Dichte denselben Effekt erzeugt.

Aus früheren Versuchen ist nun bekannt, daß die ausgerichtete Pyramide besser wirkt als die querstehende Pyramide. Wenn die Pyramide einen Einfluß auf die Radioaktivität hat, so müßten die Meßergebnisse bei ausgerichteten und verdrehten Pyramiden verschieden sein. Daraus ergibt sich die auf dem Foto dargestellte Versuchsanordnung:

Es gibt zwei verschiedene Stellungen der Pyramide:
Pyramidenkanten in Nord-Süd-Richtung ausgerichtet und um 45 Grad verdreht.

Als Strahlungsquelle wurde eine Uhr mit radioaktiven Leuchtziffern in Kombination mit radioaktiven Glühstrümpfen verwendet. Die Meßdauer pro Testkörper betrug 30 Minuten. Die vom Meßgerät ausgehenden Impulse wurden gezählt und ohne Umrechnung als Vergleichszahlen verwendet.

Die Messungen 1 und 2 (= 0 Rate) zeigten die übliche, natürliche Strahlung.

Folgende Körper wurden getestet:
Kupferpyramide (Cu/K-Typ, Höhe 18cm, Wandstärke 1mm)
Messingpyramide (Ms/K-Typ, Höhe 18cm, Wandstärke 1mm)
Kontrollkörper (aus 1mm Cu-Blech gebogenes Viereck-20x10x10cm)

Meßergebnisse - Versuch vom 22.1.1986:

1	0 Rate Messung a	51
2	0 Rate Messung b	49
3	radioaktives Präparat (Strahlungsquelle) Messung a	76
4	" " " Messung b	75
5	Ms Pyramide 0 Rate ausgerichtet	45
6	Ms Pyramide 0 Rate gedreht	48
7	Ms Pyramide mit radioaktivem Präparat ausgerichtet	51
8	Ms Pyramide " " " gedreht	56
9	Cu Pyramide 0 Rate ausgerichtet	46
10	Cu Pyramide 0 Rate gedreht	44
11	Cu Pyramide mit radioaktivem Präparat ausgerichtet	50
12	Cu Pyramide " " " gedreht	55
13	Cu Kontrollkörper 0 Rate	48
14	Cu Kontrollkörper mit radioaktivem Präparat	58

Ergebnis: Vergleicht man die Zeilen 3/4 und 14, so ist der übliche Abschirmeffekt des Kupferblechs von 1mm Wandstärke erkennbar: ca. 15 Impulse Differenz.

Die Zeilen 7/8 und 11/12 sind der Nachweis für die Pyramidenwirkung: zwischen der ausgerichteten und der verdrehten Pyramide besteht ein Unterschied von 5 Impulsen. (Genaugenommen ist der Unterschied noch größer, da die verdrehten Pyramiden gegenüber der Strahlungsquelle schräg stehen und dadurch etwas mehr Kupfer durchdrungen werden muß).

Die Pyramide scheint, zusätzlich zur üblichen Abschirmung durch das Baumaterial, eine strahlenabsorbierende Wirkung zu haben.

Obwohl sich diese Pyramidenwirkung mit den Ergebnissen anderer Versuche in Einklang bringen läßt >> ordnende Kraft der Pyramiden <<, sind die Unsicherheits- und Störfaktoren bei diesem Versuch besonders groß, und es wäre vermessen, die Pyramide als Gegenkraft zur Radioaktivität zu propagieren. Die beschriebene Versuchsanordnung sollte nur als "Pilotversuch" gesehen werden.

Nachtrag: Nach der Katastrophe von Tschernobyl wurde radioaktives Regenwasser aus einer Pfütze unter die Pyramiden gestellt. Verschiedene Messungen ergaben, daß die radioaktive Strahlung der Probe unter der Pyramide nicht signifikant schneller gegenüber der Probe unter einem Kontrollkörper zurückging.

Das "Tschernobylwasser" wurde übrigens mit demselben Verfahren wie im Pilot-Versuch gemessenen - Ergebnis: ein Trinkglas mit dem verseuchten Wasser gab über 350 Impulse in 30 Minuten ab, rund fünfmal mehr als die im Versuch verwendete radioaktive Strahlungsquelle !

Wirkungen bekannter Energieformen auf die Pyramide

Wärme:

Auf Dehydrationsversuche wirkt Wärme beschleunigend. Bei Kristallisationen kann die schnelle Verdunstung des Lösungsmittels zu groben Kristallen führen. In trockenen und warmen Räumen ist die statische Aufladung größer. Ein direkter Zusammenhang zwischen Pyramidenwirkung und Wärme konnte nicht gefunden werden.

Elektrizität (Wechselstrom):

Bei Kristallisationen an oder über Stromleitungen (220V=) war der Störeffekt deutlich erkennbar: häufig enstanden "Schneeflocken" oder "zerdrückte" also unnatürliche Kristallformen.

Die bisher beobachteten Wechselwirkungen zwischen Strom und Pyramiden waren stets negativ. Stromleitungen oder elektrische Geräte sollten deshalb mindestens 1m von den Pyramiden entfernt stehen.

Statische Elektrizität:

Bei lackierten Pyramiden wird durch die stärkere statische Aufladung Staub angezogen, der einfach feucht abgewischt werden kann. Eine Auswirkung auf die Versuchsergebnisse konnte nicht festgestellt werden.

Extreme statische Aufladungen sind im normalen Haushalt kaum zu beobachten. Die Auswirkung statischer Elektrizität, wie beispielsweise die Aufladung durch einen Teppichboden, kann bei Pyramidenversuchen vernachlässigt werden.

Magnetfelder:

Die Ähnlichkeit zwischen dem Winkel der Cheopspyramide und dem Winkel des Magnetitkristalls animierte Lyall Watson zu der Spekulation über Zusammenhänge zwischen (Ferro-) Magnetismus und Pyramidenkraft. Durch Versuche konnte diese Hypothese jedoch nicht bestätigt werden.

Werden an der Pyramide Magnete befestigt oder werden Magnete in Pyramidennähe plaziert, so sind bei Kristallisationen und bei lebenden Systemen negative Versuchsergebnisse zu beobachten. Ebenso wirken "Magnetpyramiden" oder Pyramiden aus leicht magnetischem Eisenblech eher als Störstrahler. Die magnetische Nadel eines Kompasses kann ebenfalls störend auf die Pyramide wirken; der Kompass sollte deshalb nach der Ausrichtung der Pyramide entfernt werden.

Relativ starke Magnete sind in Lautsprechern enthalten; neben Phonogeräten und Lautsprecherboxen sollten keine Pyramiden aufgestellt werden.

Erdmagnetfeld:

Bei Max Toth (Pyramid Power) wird die Wichtigkeit der Nord-Süd Ausrichtung der Pyramide mit dem Kompaß betont. Gleichzeitig wird aber auch auf die genaue Ausrichtung der Cheopspyramide nach geographischen Gesichtspunkten, also dem geographischen Nordpol, hingewiesen. Anscheinend eine der üblichen Reminiszenzen an das "alte Wissen" der Ägypter.

Magnetischer und geographischer Nordpol sind nicht identisch, jedoch ist der Unterschied (Mißweisung) in Mitteleuropa sehr gering (+ / - 5 Grad).

Außerdem werden die Pyramiden meist nach der Kompaßnadel ausgerichtet und die Angabe N = geographischer Nordpol und n = magnetischer Nordpol auf dem Kompaß nicht beachtet.

Im Zusammenhang mit der Pyramidenkraft eine erlaubte und richtige Vereinfachung. Die beste Wirkung wird dadurch erzielt, daß die Pyramide möglichst genau den magnetischen Feldlinien entsprechend ausgerichtet ist. Der geographische Nordpol ist dagegen völlig unbedeutend.

Erhebliche Störungen des Erdmagnetfeldes sind bei Eisenerzlagern, elektrischen Großanlagen, aber auch bei größeren Metallansammlungen im Keller zu beobachten.

Die Pyramidenkraft wird an solchen Stellen "verbraucht". Umgekehrt läßt sich die Pyramide bei diesen Störungen zur Entstrahlung einsetzen.

Licht(künstlich):

Bei normalen Glühbirnen konnte kein negativer Effekt auf die Pyramide beobachtet werden. Ständig eingeschaltete Neonröhren bewirken möglicherweise Störungen, es liegen darüber jedoch keine gesicherten Erkenntnisse vor.

Sonnenlicht:

Die Auswirkung des Sonnenlichts ist offensichtlich neutral, da Versuche in abgedunkelten Zimmern oder Kellern gleich gute Ergebnisse zeigten. Ebenso waren keine signifikannten Unterschiede bei Kristallisationen, die im Sommer bzw. Winter durchgeführt wurden erkennbar.

Vibrationen (mechanische):

Im Haushalt können Elektromotoren (Kühlschrank, Waschmaschine,) ihre Schwingungen beispielsweise über den Fußboden auf andere Gegenstände übertragen.

Schwingende oder häufigen Stößen ausgesetzte Pyramiden werden in ihrer Wirkung gestört. Vor allem ständige Vibrationen, wie sie von Maschinen ausgehen, beeinträchtigen die Pyramidenwirkung stark.

Plötzliche Stöße (Donner, Überschallknall von Flugzeugen) oder unbedachtes Verrutschen der Pyramiden haben dagegen keine Auswirkungen auf die Pyramidenkraft. (Eine verrutschte Pyramide muß natürlich wieder eingenordet werden)

Lediglich wenn Kristallisationsversuche gemacht werden, können sich derartige Störungen auswirken. Durch Stöße oder Erschütterungen ausgelöste Kristallisationen sind dadurch erkennbar, daß sich zahlreiche, über die ganze Schale verteilte Kristalle bilden.

Kosmische Energieformen:

Dieser wohlklingende Begriff ist leider nicht genau definiert, so daß man sich jede beliebige Energieform, also auch "spirituelle" Energieen, darunter vorstellen kann.

Geht man davon aus, daß es sich um Energieen aus dem real existierenden Kosmos handelt, so könnte man astrale oder planetare Kräfte darunter verstehen.

Starke Strahlungen gehen beispielsweise vom Jupiter aus. Die Wirkung des Mondes ist deutlich erkennbar, und der Einfluß der Sonne auf die Erde und das menschliche Leben sind ebenfalls unbestritten. Dennoch konnten bisher keine direkten Beziehungen zwischen planetaren oder solaren Kräften und der Pyramide gefunden werden.

Die Testergebnisse bei Voll- und Neumond waren gleich. Auch die unterschiedliche Sonneneinstrahlung im Winter bzw. Sommer zeigte keine erkennbare Wirkung.

Astrologisch interessante Konstellationen, wie eine Mars-Uranus Quadratur, oder ein Sonne-Jupiter Trigon blieben für die Testergebnisse ebenfalls ohne Folgen.

Denkbar wäre eine Auswirkung der Sonnenstürme, die wiederum das Magnetfeld der Erde beeinflussen. Hierzu müßte aber die Meßbarkeit der Pyramidenkraft noch genauer werden.

Auswirkung auf lebende Systeme

Saccaromyces cerevisiae (Bierhefe)

Versuch vom 9.5. 1981:

Plastikpyramide durchsichtig K-Typ dreifach	nicht auswertbar
Kontrollkörper rechteckiger Pappkarton	3-
Plastik/Karton Pyramide grün K-Typ einfach	2
Plastikpyramide durchsichtig dreifach	nicht auswertbar
Plastik/Karton Pyramide rot dreifach	nicht auswertbar
Plastik/Papier Pyramide grün K-Typ einfach	2
Plastik/Karton Pyramide grün K-Typ dreifach	2-
Kontrollkörper Plastik	4

Ergebnis: Fast die Hälfte der Petrischalen war mit nicht definierbarem Fremdschimmel überwuchert, wodurch die Auswertung ungenau wurde, bzw. gar nicht möglich war. Bei Wiederholungen dieses Versuchs waren die Ergebnisse ähnlich.

Rhodotorula (rotwachsende Hefe)

Versuch vom 28.7.1982:

Karton/Plastikpyramide K-Typ mit Reflexfolie silber	2
Karton/Plastikpyramide K-Typ grün	2
Karton/Plastikpyramide K-Typ grün mit radioaktiver Uhr	2-
Kartonpyramide K-Typ grün	3
Kontrollkörper Karton rechteckig	3-
Karton/Plastik Cheopstyp grün	3-
Karton Cheopstyp gelb	4

Ergebnis: Die sehr schön wachsenden rosa Kolonien waren gut zu beurteilen - deutlich positives Ergebnis beim K-Typ (Plastik/Karton). Nicht erklärbar ist das relativ gute Ergebnis der Pyramide mit der radioaktiven Uhr; hier wäre aufgrund der schädigenden Wirkung von Strahlung ein schlechteres Ergebnis zu erwarten gewesen.

Froschlaich

Versuch vom 1.4. 1984:

Es wurden jeweils 20 Froscheier in eine mit Wasser gefüllte Petrischale (Durchmesser 12cm) gegeben und unter Pyramiden bzw. Kontrollkörper gestellt. Nach einer Woche wurden die Eier in große, zur Hälfte mit Wasser gefüllte Weckgläser umgesetzt, um den schlüpfenden Kaulquappen mehr Raum zu geben. Besonders geachtet wurde auf den Ablauf der Mutation, auf Mißbildungen und Krankheiten. Tote Tiere wurden jeweils entfernt.

Der Versuch wurde in zwei Räumen mit insgesamt 16 verschiedenen Körpern und Pyramiden durchgeführt.

Beim Ablauf der Mutation konnten keine signifikanten Unterschiede festgestellt werden. Krankheiten (Verpilzung) führten bei den betroffenen Tieren immer zum Tod und sind somit in der Mortalitätsquote enthalten.

Tote Tiere nach Abschluß des Versuchs in Prozent:

Raum I

Kontrollkörper mit radioaktiver Uhr	50%
Kontrollkörper normal	41%
MS Pyramide K-Typ Höhe 18cm	32%
Cu Pyramide K-Typ Höhe 18cm	15%
Cu Pyramide K-Typ Höhe 21cm	23%

Raum II

Kontrollkörper mit starkem Magnet	95%
Cu Pyramide K-Typ mit Überzug Höhe 18 cm	10%
MS Pyramide K-Typ Höhe 18 cm	41%
Kartonpyramide Cheopstyp Höhe 14 cm	68%
Cu Pyramide Cheopstyp Höhe 16 cm	65%
Cu Pyramide K-Typ aufgerauhte Oberfläche Höhe 18 cm	47%
Cu Pyramide K-Typ oxydierte Oberfläche Höhe 18 cm	40%
Kontrollkörper mit radioaktivem Glühstrumpf	76%
Kontrollkörper normal	65%

Ergebnis: Die Kupferpyramide K-Typ mit Überzug war der eindeutige Favorit dieses Tests. 90% der Tiere waren nach Ablauf des Versuchs gesund. Zweitbestes Ergebnis - Kupferpyramide K-Typ ohne Überzug.

Überraschend schlecht war das Ergebnis bei einem Kontrollkörper, der mit einem starken Magneten versehen war; hier starben fast alle Tiere!
(Der Magnet stammte aus einem großen Lautsprecher und hatte einen Durchmesser von ca. 5cm und eine Höhe von 7cm).

Negative Auswirkungen zeigten sich auch bei den Kontrollkörpern, die radioaktiver Strahlung ausgesetzt waren; hier starben immerhin mehr als die Hälfte der Tiere.

Interessantes Ergebnis für die Pyramidenforschung: Die Kartonpyramide (Cheopstyp) hatte dieselben Quoten wie die Kontrollkörper, zeigte also bei diesem Test eher negative Wirkung.

Grünalgen

Versuch vom 3.8. 1983:

Normales Teichwasser wurde in Weckgläser abgefüllt und zwei

Monate lang unter Pyramiden und Kontrollkörper gestellt. Die Lichtverhältnisse waren für alle Gläser gleich.

Kontrollkörper Karton	starker Algenbewuchs (Fadenalgen), neutraler Geruch, Wasser leicht trüb.
Cheopstyp Karton Höhe 12 cm	schwacher Algenbewuchs, fauliger Geruch, leichte Trübung.
Cheopstyp Kupfer Höhe 12 cm	schwacher Bewuchs, neutraler Geruch, Wasser klar.
K-Typ Kupfer Höhe 18 cm	starker Algenbewuchs, besonders lange Fadenalgen sind erkennbar, Geruch neutral, sehr klares Wasser.
K-Typ Messing Höhe 18cm	starker Algenbewuchs, Geruch neutral, klares Wasser.

Ergebnis: Das Algenwachstum, wie auch das Wachstum anderer Lebewesen, wurden durch den Cheopstyp gehemmt. Beim K-Typ entstanden besonders schöne Pflanzen, in diesem Fall Fadenalgen von mehr als 10 cm Länge.

Kresse

Versuch vom 5.6. 1984

Petrischalen mit abgewogenen und angefeuchteten Kressesamen wurden unter Pyramiden und Kontrollkörper gestellt.

Ergebnis: Innerhalb weniger Tage entwickelten sich junge Pflänzchen - es konnten jedoch keine großen Unterschiede zwischen den Pflanzen unter den Pyramiden und jenen unter den Kontrollkörpern festgestellt werden.

Die Vitalkraft der Kresse - diese Pflanze wächst sogar auf befeuchteten Steinen oder Tonfiguren, ist offensichtlich so stark, daß die kurzfristige Einwirkung von Pyramidenenergie keine sichtbaren Folgen erzeugt.

Da der Versuch nur einmal durchgeführt wurde, darf das Ergebnis aber nicht verallgemeinert werden.

In der Literatur wird Kresse auch zum Testen der eigenen Psi-Fähigkeiten empfohlen: Auf einen Behälter mit Kressesamen konzentriert man seine positiven Kräfte, den anderen Behälter beachtet man nicht.

Angeblich wächst die positiv unterstützte Kresse wesentlich besser, während die anderen Samen verkümmern.

Mir persönlich ist dieser Versuch nicht eindeutig gelungen. Offensichtlich fällt es mir schwer, bewußt ein Lebewesen, und sei es nur simple Kresse, so zu meiden, daß es verkümmert.

Forschung - nicht um jeden Preis

Versuche mit Lebewesen sind insgesamt etwas problematisch, da die Auswirkungen der Pyramidenenergie auf Bakterien, Hefen, Pilze etc. zu unbeabsichtigten Mutationen führen könnten.

Aus Gründen des Tierschutzes ist bei Versuchen mit Tieren Zurückhaltung angebracht.

Auftretende Krankheiten, wie die bei Fisch- oder Froschlaich oft zu beobachtende Verpilzung, verfälschen zudem die Ergebnisse und machen ganze Versuchsserien unbrauchbar. In diesem Bereich ist Forschung nur sinnvoll, wenn laborähnliche Bedingungen geschaffen werden können - und eine entsprechende Ausbildung vorhanden ist.

Versuche, die gesundheitliche Schädigungen oder Schmerzen bei höher entwickelten Tieren hervorrufen, sind gänzlich abzulehnen.

Andere Risiken sind sorgfältig abzuwägen, und im Zweifelsfall muß auf Experimente verzichtet werden, auch wenn das Ergebnis vielleicht spektakulär wäre.

Im Übrigen zeigte sich, daß die meisten Ergebnisse der Kristallisationen auch auf lebende Systeme übertragbar waren. Versuche mit Lebewesen sollten also höchstens nach Abschluß von Kristallisationen zur endgültigen Bestätigung erfolgen.

Wie wirkt die Pyramidenenergie auf Lebewesen?

Im Test zeigte sich, daß durch die Pyramide Gesundheit und Wachstum von Fröschen positiv beeinflußt wird.

Bild - die ausgeschlüpften Kaulquappen werden in größere Gläser mit Wasserpflanzen umgesiedelt, um möglichst natürliche Bedingungen zu schaffen. Über die Gläser werden anschließend Pyramiden gestellt.

Pyramidenkraft - ein Lebenselixier ?

Die Versuche mit Hefekulturen, Fröschen und Fischen zeigten, daß der K-Typ keine negativen Auswirkungen auf die Lebensformen hatte, wohingegen der Cheopstyp besonders bei den Fröschen ein hohe Sterblichkeitsquote erzeugte.

Der "antibakterielle" Effekt des Cheopstyps ist also nicht selektiv, sonderen dieser Pyramidentyp wirkt hemmend auf alle Lebewesen.

Die Interpretation meiner Versuchsergebnisse legt sogar den Schluß nahe, daß in unseren Breiten der Cheopstyp auch auf größere Lebewesen, bzw. sogar auf den Menschen, schädigend wirken kann. Positiv wäre dementsprechend der Cheopstyp nur dann, wenn eine Hemmung lebender Organismen gewünscht wird, wie etwa bei der Konservierung von Lebensmitteln, oder bei der Bekämpfung von Algen in einem Schwimmbad.

Diese Schlußfolgerung wird durch meine Versuche sinnfällig und bedeutet, daß der Cheopstyp oft genau das Gegenteil von dem bewirkt hat, was gewünscht war.

Ein auffälliger Widerspruch, der sich quer durch die Pyramidenliteratur zieht, konnte damit geklärt werden. Die Hemmwirkung auf Algen, vermindertes Bakterienwachstum oder auch das Absterben von Eigelegen, wie bei der Anwendung des Cheopstyps beobachtet wurde, tritt beim K-Typ nicht auf. Wird die Förderung oder positive Aufladung eines Lebewesens gewünscht, so ist der K-Typ zweifellos die geeignetere Pyramidenform. Die Versuchsergebnisse sind eindeutig und können, wie beispielsweise die Kristallisationen mit Kupfersulfat, auch von Laien problemlos nachvollzogen werden.

Bei praktischen Anwendungen mit Pflanzen oder Tieren hat der K-Typ günstigere Auswirkungen; die parapsychologische Wirkung der K-Pyramiden ist ebenfalls besser, wie im Kapitel >>Pyramidenmagie<< noch beschrieben wird.

Resümee

Werden die Pyramiden als mystische Relikte versunkener Hochkulturen betrachtet, so sind viele Gemeinsamkeiten, aber auch viele Gegensätzlichkeiten vorhanden.

Einige dieser Bauten sind sehr funktionell und nüchtern, andere wieder reich verziert und unübersichtlich angelegt. Es finden sich religiöse Darstellungen in den Pyramiden, zu Stein gewordenes Wissen aus Mathematik und Astronomie, Gräber und Opfertische, Zeichnungen, Malereien und Steinmetzarbeiten.

Schriften, in denen Pyramiden erwähnt werden, weisen diese häufig als okkulte Zentren (Einweihungstempel) oder Begegnungsstätten mit Göttern aus.

Sichtet man das öffentlich zugängliche Forschungsmaterial, so ist mal dieser, mal jener Schluß möglich.

- Aber ist für uns die Klärung der Frage, ob die Pyramiden des Altertums Grabstätten, Vorratskammern oder, wie ein bekannter Autor spekuliert, sogar Atombunker waren, wirklich von Bedeutung?

Bauwerke können, je nach Zeitgeschmack, für verschiedene Zwecke benützt werden. Durch das hohe Alter der Pyramiden sind naturgemäß alle möglichen Verwendungszwecke denkbar.

Der Grund für die Errichtung pyramidenartiger Bauwerke muß nicht immer die Pyramidenkraft gewesen sein. Die Pyramidenform wirkt sehr ästhetisch und imposant und ist damit auch aus rein architektonischen Gesichtspunkten interessant.

Für die Erforschung der Pyramidenenergie gaben vor allem die Pyramiden des Feldes von Giseh den Anstoß. Für die weitere Klärung des Rätsels Pyramidenenergie sind sie jedoch nur in geringem Umfang geeignet.

Aufgrund der Vielzahl pyramidenartiger Gebäude mit einem dem

Erdmagnetfeld entsprechenden Neigungswinkel und exakter Nord-Süd-Ausrichtung darf angenommen werden, daß den Erbauern zumindest teilweise die Wirkung bekannt war. Die Zeugnisse aus dieser Zeit sind jedoch so spärlich, daß eine endgültige Aussage derzeit nicht möglich ist und die Wirkprinzipien der Pyramidenkraft neu erforscht bzw. entdeckt werden müssen.

In unserem Jahrhundert erlebte die Pyramide in den 60er und 70er Jahren, hauptsächlich in den USA, einen regelrechten Boom.

Viele der damals meist aus Pappe nach dem Vorbild Cheops gebauten Modellpyramiden verstaubten aber bald im Abstellraum oder Keller, weil diese Pyramiden bei praktischen Anwendungen keine deutliche Wirkung zeigten.

Sehr wahrscheinlich spürten auch viele "Pyramidenbauer", ohne daß es ihnen recht bewußt wurde, daß dieser Pyramidentyp mitunter sogar negative Wirkungen entfaltete.

Für esoterische Zwecke war die Pyramide etwas länger aktuell, da esoterische Wirkungen sehr stark von der Persönlichkeit des Anwenders und weniger von einer tatsächlichen physikalischen Kraft abhängig sind.

Die Pyramidenforschung stagnierte nach recht guten Anfangserfolgen und wurde zusehends in den kommerziellen Bereich abgedrängt.

Pyramidenmodelle in allen möglichen Materialien und Größen wurden entwickelt. Die tatsächliche Wirkung war meist zweitrangig; die Pyramiden mußten auffällig sein - "Okkultstyling" war schließlich in - und dem Hersteller Gewinne bringen.

Man darf die kommerziell ausgerichtete Pyramidenforschung deshalb nicht generell abwertend beurteilen - welcher private Forscher kann sich schon kostspielige Versuche leisten ?
Von staatlicher Seite konnte keine Hilfe erwartet werden, und

selbst durch Spenden geförderte private Institute und Stiftungen haben sich dieses Themas nur in sehr geringem Umfang angenommen. So muß auch in der Pyramidenforschung "das närrische Töchterlein die ehrwürdige weise Mutter ernähren".

Widersprüche, die bei den Experimenten auftraten, häufig auch der Mangel an finanziellen Mitteln, lähmten die Forschungen, und nachdem der Verkaufsboom abgeebbt war, blieb die unkoordinierte private Forschung schließlich im mystischen Brei stecken.

Aus den genannten Gründen verständlich ist deshalb der Umstand, daß die bisherigen Theorien zur Pyramidenkraft im wesentlichen nur Spekulationen sind.

Die Pyramidenkraft zu entmystifizieren, fällt nicht leicht, da ja die hauptsächlich an den Pyramiden interessierten Personen esoterisch orientiert sind. Eine rein physikalische, nüchterne Erklärung stößt deshalb auf entsprechende Widerstände; der Mythos Cheops wirft seine Schatten über die Pyramidenforschung.

Ein paradoxer Umstand - schließlich ist die Cheopspyramide die (zur Bauzeit) vermutlich am besten funktionierende und ausgereifteste Pyramide des Altertums, und die dieser Pyramide zugrundeliegenden Prinzipien sind eindeutig die Basis der heutigen Pyramidenforschung.

Aber, die Wirkung dieses Pyramidentyps ist auf die entsprechenden Breitengrade beschränkt, genauso wie viele mexikanische Pyramiden mit flachem Winkel eben nur dort wirksam sind.

Über diesen Fakt sind leider die meisten Pyramidenforscher gestolpert. In der Pyramidenliteratur taucht die Inklinationspyramide, also der Pyramidentyp, dessen Seitenfläche auf derselben Ebene wie die erdmagnetischen Feldlinien liegt, immer wieder auf, aber sie wurde nicht konsequent weiterentwickelt.

Stattdessen wurde aus falsch verstandener Wissenschaftlichkeit immer wieder auf die "exakten Winkel", sprich auf den Cheopswinkel, hingewiesen. Übrigens ist, wie sich später noch zeigen wird, auch die Cheopspyramide eine Inklinationspyramide.

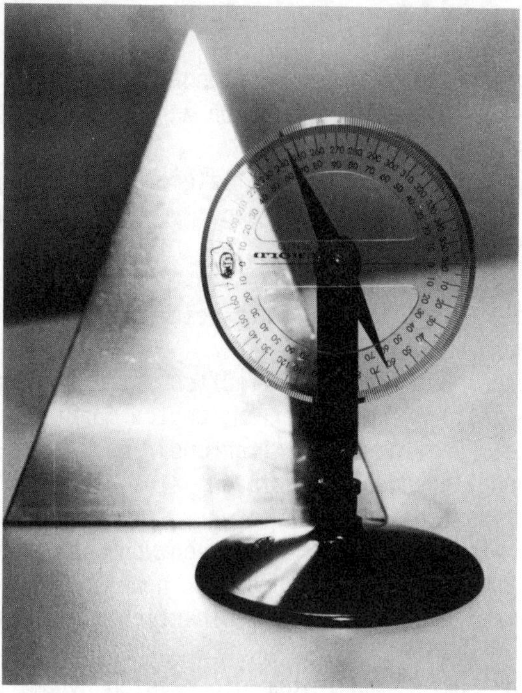

Inklinometer und K-Pyramide
Deutlich erkennbar: der Neigungswinkel der Seitenfläche stimmt genau mit der Kompaßnadel des Inklinometers überein.

Das Rätsel ist gelöst !

Die Ausrichtung der Pyramiden in Nord-Süd-Richtung, ist ein wichtiges Kriterium im Hinblick auf die Wirkung der Pyramiden.

Dem Laien ist meist nur bekannt, daß sich eine Magnetnadel (Kompaß) in Richtung des erdmagnetischen Feldes ausrichtet. Weniger bekannt, und mit einem normalen Wanderkompaß auch nicht feststellbar, ist der Umstand, daß diese Linien nicht parallel zur Erdoberfläche verlaufen, sondern in einem bestimmten Winkel aus der Erdoberfläche heraustreten. Diese Erscheinung wird Inklination, der betreffende Winkel Inklinationswinkel, genannt. (Alle Fachbegriffe werden am Ende des Kapitels genauer erklärt). Stärke und Richtung des erdmagnetischen Feldes und damit auch der Inklinationswinkel variieren ständig, jedoch sind diese Veränderungen meist ohne erkennbare Auswirkung auf die Pyramidenenergie. Abweichungen im Bereich von 3 Grad bei der Nord-Süd-Ausrichtung oder beim Inklinations- respektive Neigungswinkel der Pyramide zeigten im Versuch keine nennenswerten Auswirkungen.

Vergleicht man die Pyramidenwinkel, so wird die Theorie, daß die Seitenflächen der Pyramiden mit dem Inklinationswinkel zusammenhängen, bestätigt:

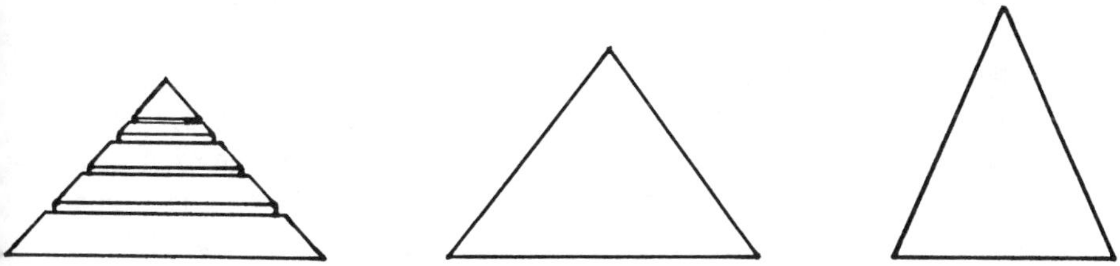

Sonnenpyramide Mexico 43 Grad | Cheopspyramide Ägypten 52 Grad | K-Pyramide Mitteleuropa 65 Grad

Da sich das erdmagnetische Feld seit der Bauzeit dieser Pyramiden erheblich verändert hat, ist es wahrscheinlich, daß die Pyramiden damals hinsichtlich des Inklinationswinkels wesentlich genauer ausgerichtet waren. Den Erbauern der Pyramiden war also nicht nur die Ausrichtung des magnetischen Feldes nach Norden, sondern auch der Inklinationswinkel bekannt!

Wertet man die Fotos von den Marspyramiden aus, so zeigt sich auch bei diesen Pyramiden entsprechend der Theorie eine Übereinstimmung von Standort und Winkel. Da das Marsmagnetfeld sehr schwach ist und keine genaueren Angaben über die Marspyramiden vorliegen, sind noch keine endgültigen Aussagen möglich.

Insgesamt sind weder auf dem Mars, noch auf der Erde Großpyramiden zu finden, die einen Widerspruch zu dieser Theorie darstellen: Der Neigungswinkel entspricht immer ungefähr dem Inklinationswinkel. Jedenfalls finden sich bei flachem Inklinationswinkel keine steilen Pyramiden. Oder, umgekehrt, bei steilem Inklinationswinkel keine flachen Pyramiden.

Erst in unserer Zeit wurde - eine offensichtliche Fehlinterpretation alter Geheimnisse - für alle Breitengrade der Erde ein einheitlicher Winkel, nämlich der Neigungswinkel der Cheopspyramide, propagiert.

Das Magnetfeld der Erde - Urheber der Pyramidenkraft ?

Größere Störungen des erdmagnetischen Feldes durch Sonnenstürme, tektonische Verwerfungen, Erzlager und eventuell auch Wasseradern zeigen höchstwahrscheinlich Auswirkungen auf die Pyramide. Bei starken Magneten, großen Gegenständen aus Eisen oder elektrischen Geräten in der Nähe der Pyramiden sind Störungen deutlich zu beobachten.

Faßt man diese Erkenntnisse zusammen, ergeben sich Hinweise auf die enorme Wichtigkeit des erdmagnetischen Feldes im Zusammenhang mit der Pyramide. Es wäre also richtiger, statt des Ausdrucks kosmische Kraft den Begriff terristische oder erdmagnetische Kraft zu verwenden.

Gestatten Sie mir an dieser Stelle eine kleine Zwischenbemerkung:

So mancher Pyramidenforscher wird nach Veröffentlichung dieses Buches behaupten, er hätte davon ebenfalls gewußt. Dies mag zutreffen - aber wo wurde es deutlich und in schlüssiger Weise veröffentlicht ?

Im übrigen beanspruche ich die Entdeckung des Inklinationswinkels im Zusammenhang mit der Pyramidenkraft nicht für mich, wie vielleicht aufgrund der Verwendung des Begriffs K-Typ (Keppelersche Pyramide) geargwöhnt werden könnte. Der Begriff K-Typ bezieht sich nicht nur auf den Winkel, sondern auch auf das Baumaterial und die Herstellungsweise! Das folgende Kapitel straft all jene Lügen, die nun, nachdem ich meine Forschungen veröffentlicht habe, behaupten, sie wären vor mir zu denselben Ergebnissen gekommen.

Diamagnetische Kräfte und Pyramidenwirkung

Der erste Schritt ist zweifellos der Inklinationswinkel. Aufgrund der beobachtbaren Störungen der Pyramiden durch Magnetfelder liegt es nahe, einen Zusammenhang mit dem Magnetismus zu sehen.

Dies klingt einfach - dennoch waren jahrelange Forschungen nötig, um dieses Ergebnis zu erhalten.

Auf den ersten Schritt folgte dann der zweite, entscheidende! Wie die Versuche zeigten, waren die Kristallisationen auch vom Baumaterial der Pyramide abhängig.

Nach einigem Rätseln kristallisierte sich, im wahrsten Sinn des Wortes, eine Überraschung heraus: Die magnetischen Eigenschaften der Baumaterialien entsprachen exakt den Ergebnissen der Kristallisationen!

Durchschnittsbewertung der Kristallisationen von Pyramiden aus folgenden Stoffen:		magnetische Eigenschaften dieser Materialien (Suszeptibilität):
Ferro- und paramagnetische Stoffe (positive Suszeptibilität)		
Eisen	4,8	+ 18900
Aluminium	3,7	+ 7
Kobalt	*	+ 3800
Kobaltchlorid	*	+ 1280
Schwefeleisen	*	+ 180
Diamagnetische Werkstoffe (negative Suszeptibilität)		
Kupfer	2,1	- 1,2
Messing	1,9	- 2,4
Wismut	1,6	- 16,0
Kupferoxyd	1,8	- 2,5
Kalkstein	*	- 4,4
Zink	2,2	- 1,9
Silber	*	- 2,5
versilbertes Kupfer	1,8	*
Gold	*	- 2,8
vergoldetes Kupfer	1,7	*

(* - keine Daten vorhanden)

Eindeutig positive Wirkung zeigen diamagnetische Stoffe, während para- und ferromagnetische Werkstoffe Kristalle erzeugten, deren Durchschnittsbewertung immer unter 3 lag.

Aufgrund dieser Erkenntnisse wurde von mir einer der "diamagnetischsten" Werkstoffe überhaupt, das Wismut, getestet.

Die Pyramide war recht teuer (ca. 900 DM), bestätigte aber eindeutig die Richtigkeit der Theorie. Die Wismutpyramide liefert seither konstant gute Ergebnisse bei den Kristallisationen; Durchschnittsbewertung 1,6 !

Für die Praxis sind dennoch die Kupferpyramiden vorzuziehen. Die Wismutpyramiden sind schwierig herzustellen und dementsprechend teuer.

Außerdem ist metallisches Wismut bei unsachgemäßer Anwendung giftig. Bei einer Kosten/Nutzen-Berechnung ist erkennbar, daß es preisgünstiger ist, mehrere Kupferpyramiden anstelle einer Wismutpyramide zu verwenden.

Die positive Wirkung der oxydierten Kupferpyramiden, bei Experimenten zufällig entdeckt, fand nachträglich ihre Erklärung: magnetische Suszeptibilität Kupfer: minus 1,2 - magnetische Suszeptibilität Kupferoxyd: minus 2,5.

Und noch eine Überraschung !

- Kalkstein, das für die Deckplatten der Cheopspyramide verwendete Material, ist ebenfalls ein ausgezeichneter diamagnetischer Werkstoff (Suszeptibilität minus 4,4), wodurch wiederum indirekt die Richtigkeit der beschriebenen Theorie bestätigt wird.

Auch für die esoterisch betrachtet etwas ungewöhnliche Tatsache, daß Plastikpyramiden recht gut wirken, liefert die Diamagnetismustheorie überzeugende Beweise: die meisten Kunststoffe sind diamagnetisch.

Abschließend sei bemerkt, daß für die praktische Anwendung nicht nur die diamagnetischen Eigenschaften der Baumaterialien von Wichtigkeit sind: sie sollten darüberhinaus haltbar, physiologisch unbedenklich (ungiftig), bearbeitbar und von hinreichender mechanischer Festigkeit sein.

Die Auswirkungen der elektrischen Eigenschaften eines Werkstoffes (Leiter/Nichtleiter) wurden von einigen Pyramidenforschern fehlinterpretiert; man findet häufig die Aussage, daß nur Nichtleiter als Baumaterial für Pyramiden brauchbar sind. Die Ergebnisse bei Pyramiden aus sehr guten elektrischen Leitern (Kupfer/Messing) sprechen jedoch eindeutig gegen diese Annahme.

Die Wirkung der Nordseite

Weitere Versuche zeigten, daß die Nordseite, oder besser die in Richtung Norden liegende Pyramidenfläche, für die Wirkung ausschlaggebend ist.

Im Innenraum großer Pyramiden entwickelten sich beispielsweise in den Schalen, die an der Nordseite standen, deutlich bessere Kristalle als in den Schalen, die an den anderen Seiten standen.

War die Überlegung richtig, dann mußten auch andere Körper "Pyramidenkraft" entwickeln.

Getestet wurden daraufhin Trichter aus Plastik, die ähnliche Neigungswinkel (50 bis 65 Grad) wie die Pyramiden hatten. Die Ergebnisse waren relativ gut, jedoch nicht eindeutig.

So konstruierte ich zwei Körper, die deutlich von der Pyramidenform abwichen und die die, vorläufig nur theoretisch, als wichtig erkannte Nordfläche besonders betonten.

Einer dieser Körper ("Parallelogramm") hatte zwei große "Nordflächen", produzierte aber sehr schlechte, eigenartig aussehende Kristalle. Diese Form wurde deshalb sehr schnell wieder verworfen (Negativstrahler ?).

Die schlechten Ergebnisse könnten damit zusammenhängen, daß dieser Körper keine Spitze besaß.

Der zweite Körper bestand aus zwei zusammengeklebten Pyramiden und bestätigte die Nordseiten-Theorie. Trotz des absurden Aussehens lieferte die "Huckepackpyramide" Kristallisationen, deren Durchschnittsbewertung bei 2,2 lag.

Die Nordseite ist demnach sehr wichtig für die Pyramidenwirkung, und es könnten, neben der "Huckepackpyramide", auch andere Formen interessante Wirkungen zeigen. (Vorerst ist die normale vierseitige Pyramide als beste Form zu betrachten).

Die "Huckepack - Pyramide"

Die Pyramidenkraft - eine neue Energieform

Aufgrund der beschriebenen Versuche muß die Pyramidenkraft als physikalische Energie gesehen werden, die in direktem Zusammenhang mit dem Erdmagnetfeld und den magnetischen Eigenschaften des Baumaterials der Pyramide steht.

Zusätzlich möglich ist eine Wechselwirkung mit der Schwerkraft, dies ist jedoch vorläufig kaum nachprüfbar.

Die Pyramidenkraft stellt sich also hauptsächlich als Wechselwirkung zwischen dem erdmagnetischen Feld und pyramidenartigen Körpern aus diamagnetischen Werkstoffen dar.

Die Wirkung zeigt sich bei mehr-, (vorzugsweise) vierseitigen Pyramiden, Kegeln und spitz zulaufenden Körpern aus Kupfer, Wismut oder anderen diamagnetischen Materialien.

Die Einwirkung des erdmagnetischen Feldes auf die Seitenfläche (Nordseite) der Pyramide erzeugt eine Resonanzschwingung oder Energie, die sich auf die Umgebung überträgt.

Es entsteht ein Feld, das in einem geometrischen Verhältnis zur Pyramidengröße steht und, ähnlich dem magnetischen Feld, mit der Entfernung rasch abnimmt.

Die Energie läßt sich auf andere Stoffe übertragen, vorzugsweise wenn sie im Innern der Pyramide stehen. Aber auch nach außen hin ist das Energiefeld wirksam.

Durch pyramidenartige Körper erzeugte Energie erhöht das Maß der Ordnung im beeinflußten System auf atomarer bzw. molekularer Ebene

Die beobachtbaren Folgen sind (Beispiele):

>> regelmäßiger ausgebildete Kristalle (Kupfersulfat etc.),
>> verminderte Zersetzung (Alterung) bei organischen und anorganischen Stoffen,
>> besser wachsende Mikroorganismen (Hefe),
>> weniger krankheitsanfällige Pflanzen und Tiere.

Die Auswirkung auf den Menschen ist vermutlich ebenfalls positiv, jedoch sind für ein abschließendes Urteil noch weitere Forschungen notwendig. Diese gilt insbesondere bei der Behandlung von Krankheiten.

Für den esoterischen Bereich ist die Pyramidenenergie ohne Einschränkung anwendbar und zeigt, soweit esoterisch/parapsychologische Effekte nachweisbar sind, sehr gute Wirkungen.

Erklärung der Fachbegriffe:

Inklination:

Neigung der Feldlinien des Erdmagnetfeldes gegen die Horizontale.

Zur Bestimmung des Inklinationswinkels wird der Neigungskompaß (Inklinometer) verwendet. Es besteht aus einer beweglich gelagerten Magnetnadel, die sich in der Waagrechten, den magnetischen Feldlinien entsprechend, einpendelt.

Das Gerät kann im Fachhandel bezogen werden und kostet ca. 100 DM.

(Bezugsquelle: Phywe * Postfach 665 * D-3400 Göttingen)

Der Inklinationswinkel ist abhängig von der geographischen Breite, verläuft aber nicht völlig regelmäßig, so daß beispielsweise auf dem 40. Breitengrad (San Franzisko) der Inklinationswinkel 63 Grad beträgt, dagegen in Rom, ebenfalls im Bereich des 40 Breitengrades, 55 Grad. Für Deutschland gelten, von Norden nach Süden abfallend, Inklinationswinkel zwischen 60 und 70 Grad.

Magnetismus (animalischer):

Der animalische oder, je nach Übersetzung, tierische/seelische Magnetismus geht auf die Entdeckungen des Arztes Franz Anton Mesmer zurück und wird hauptsächlich zur Behandlung von

Krankheiten verwendet. Seine Wirkung konnte wissenschaftlich noch nicht eindeutig bestätigt werden.

Magnetismus (physikalischer):
Gesamtbegriff für alle magnetischen Erscheinungsformen.
Magnetische Kräfte werden hauptsächlich im Atom durch die Bewegung der Elektronen um den Atomkern, sowie auf der Eigenrotation des Elektrons (Spin) erzeugt. Daneben können auch Atomkerne schwache magnetische Momente aufweisen.

Bei ferromagnetischen Stoffen ist die Kompensation der magnetischen Kräfte innerhalb des Atoms (Bahn- und Spinmoment) unvollständig, so daß ein nach außen wirkendes magnetisches Feld entsteht. Das Atom selbst wirkt wie ein magnetischer Dipol. Obwohl eine große Anzahl von Dipolen zueinander ausgerichtet ist (Weißsche Bezirke), entsteht keine wesentliche magnetische Kraft, da die Weißschen Bezirke selbst regellos verteilt sind.

Erst durch Einwirkung eines äußeren Magnetfeldes ordnen sich diese Bezirke und erzeugen ein Magnetfeld, das je nach Werkstoff und Stärke der Magnetisierung über längere Zeit anhält. Positive Suszeptibilität.

Ferromagnetische Stoffe: Eisen, Nickel, Kobalt.

Paramagnetische Stoffe verhalten sich ähnlich wie ferromagnetische Stoffe. Nur, und dies ist das wichtigste Unterscheidungsmerkmal, ihre Magnetisierung klingt sehr rasch ab. Bringt man einen paramagnetischen Körper in ein Magnetfeld, so "verdichtet" er dieses Feld, die Feldlinien werden zum Körper hingezogen. Positive Suszeptibilität.

Paramagnetische Stoffe sind: Silizium, Aluminium, Sauerstoff, Wolfram, Natrium, Zinn, Kalium.

Bei diamagnetischen Stoffen kompensieren sich Bahn- und Spinmoment des Atoms, so daß kein nach außen wirkendes Magnetfeld entsteht. Wirkt von außen ein Magnetfeld, so entsteht im Probekörper ein Feld, das dem äußeren entgegenwirkt; das angelegte Magnetfeld wird "verdünnt". Die Suszeptibilität ist negativ.

Diamagnetische Stoffe: Gold, Silber, Kupfer, Wismut, Zink, Glas, sowie die meisten organischen Stoffe.

Suszeptibilität:
Maß für die Magnetisierbarkeit eines Stoffes.

Deviation:
Abweichung der Kompaßnadel (auf Schiffen) durch Eisen oder andere magnetische Gegenstände.

Deklination:
Abweichung der Kompaßnadel von der Nordrichtung.

III. BAUANLEITUNG

Pyramiden können in den unterschiedlichsten Ausführungen und Materialien hergestellt werden. Je nach Verwendungszweck hat sich dieser oder jener Pyramidentyp besonders bewährt, wobei sich Pyramidenforscher in Details nicht immer ganz einig sind. Oft ist es eine Frage des Ausprobierens, des eigenen Forschens, bis man die optimale Pyramide gefunden hat.

Material

Als einfachstes Grundmaterial bietet sich Pappkarton in verschiedenen Stärken an. Etwas schwieriger zu verarbeiten, dafür aber zuverlässiger in der Wirkung, ist Plastik oder Kupfer.
Nur für Testzwecke interessant sind Eisen, Aluminium, Glas, Gips, Wachs oder Styropor.

Wirksamkeit der einzelnen Materialien

sehr gute Wirkung:	Gold, Silber, versilbertes Kupfer, Kupfer, Zink, sowie deren Legierungen (Messing), Wismut,
gute Wirkung:	Epoxydharz, Acrylglas,
mittlere Wirkung:	Bakelit, fester Pappkarton, Stein, Glas, Tombak, Wachs, Zink, glatte Stoffe aus Kunstfasern,
mäßige Wirkung:	Holz, Zinn, Bronze, Gips, Keramik, beschichtete Baumwollstoffe, Neusilber (Alpaka),

Wirkung unbestimmt
oder negativ: Aluminium, Wellpappe, Styropor, Kork, bleihaltige Legierungen, Spanplatten, Blei, magnetische Materialien, Spiegelglas, Leder, Papier, Gummi, Eisen, Sperrholz.

Überzüge und Farben

Entsprechend dem Verwendungszweck kann auf die Oberfläche der Pyramide Farbe aufgetragen werden.

Genauere Angaben zur Auswahl der Farbe für bestimmte Zwecke finden Sie im Teil >>Anwendung<<.

Einfach und für jeden Zweck verwendbar ist die naturbelassene Pyramidenoberfläche. Lediglich ein dünner Überzug aus farblosem Lack sei empfohlen, da dadurch eine Wirkungsverstärkung eintritt. Soll die Pyramide farblich zur Einrichtung passen, so können Kunstharzlacke verwendet werden.

Verschiedene Schichten (Sandwichbauweise) übereinander bringen keine nennenswerte Verbesserung.

Erstaunlicherweise zeigte sich bei Kupferpyramiden eine leichte Wirkungssteigerung, wenn deren Oberfläche durch Hitze oxydiert wurde.

Das Verfahren ist einfach durchzuführen: Die Kupferplatten werden mit einer Mischung aus Essig und Salz abgerieben und mit Wasser klargespült.

Das Kupfer wird dadurch sehr schön hellrot; die Oberfläche ist frei von jeglicher Verschmutzung.

Anschließend werden die Dreiecke so in einen Backofen gelegt, daß sie keine Berührung mit dem Bodenblech haben.

Man legt einfach unter die Kupferteile ein paar Glas- oder Keramikröhrchen. Notfalls kann auch ein Unterteller verwendet werden.

Der Backofen wird langsam bis 200 Grad aufgeheizt und diese Temperatur wird etwa eine Viertelstunde gehalten. Anschließend wird die Bratröhre geöffnet, damit die Dreiecke langsam auskühlen können.

Die Pyramidenteile sind dann mit einer dunklen Oxydschicht überzogen und können zur endgültigen Pyramidenform zusammengeklebt werden.

Bei gekauften Pyramiden, die bereits geklebt oder gelötet sind, kann ebenfalls mit der Essig-/Kochsalzmischung die Pyramidenoberfläche gesäubert werden. Eine Wärmebehandlung kann natürlich nicht durchgeführt werden, da Klebstoffe für die erforderlichen Temperaturen nicht geeignet sind. Dies ist jedoch nicht besonders tragisch, da sich die Oxydschicht auch an der Luft bildet.

Die frisch gereinigte Pyramide wird in Nord-Süd-Richtung aufgestellt und für mindestens eine Woche nicht mehr berührt. Auf der Oberfläche bildet sich ebenfalls Kupferoxyd, das aber in der Farbe etwas heller ist; grünliche und rötliche Farbtöne sind möglich. Die Wirksamkeit ist genauso gut wie bei der dunkelbraun- oder schwarzgebrannten Pyramide.

Um die Oberfläche dauerhaft zu schützen und eine zusätzliche Wirkungssteigerung zu erreichen, kann ein farbloser Lack aufgetragen werden.

Die lackierte Pyramide ist natürlich nicht mehr so einfach wie die unbehandelte Kupferpyramide zu reinigen, da sich der Lack verkratzen würde. Feucht abwischen genügt jedoch in den meisten Fällen. Wird der Lack beschädigt, so ist es besser, neu zu lackieren; beschädigte Oberflächen reduzieren die Pyramidenwirkung erheblich!

Für esoterische Verwendungszwecke können auf die Pyramide entsprechende Symbole aufgebracht werden. Hierzu verwendet man am besten einen Faserschreiber mit dauerhafter Farbe oder auch schwarzen Lack.

Neben persönlichen Zeichen (Tierkreiszeichen, Glückszahlen) und magischen Symbolen (magische Quadrate, Zaubersprüche) eignen sich vor allem ägyptische Motive (Hieroglyphen, ägyptische Malereien).

Ein Zeichen besonderer Ausstrahlung ist das auf die Pyramide aufgebrachte Udjat-Auge.

Legen Sie die folgende Seite sowie Kohlepapier auf die Pyramide und zeichnen Sie den Abdruck anschließend mit einem Permanent-Filzschreiber nach.

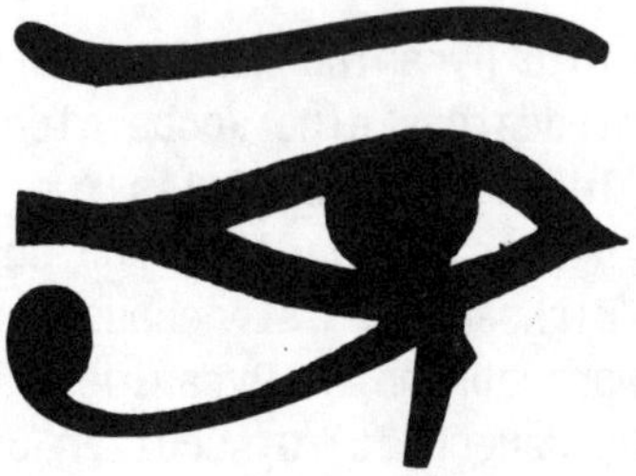

Maßangaben

Am bekanntesten ist zweifellos die Cheopspyramide. Bedauerlicherweise sind die Jahrtausende an diesem Bauwerk nicht spurlos vorübergegangen, so daß die Ausmaße nicht mehr genau feststellbar sind.

Meist wird die Seitenlänge der quadratischen Grundfläche mit 227,50m und die Höhe mit 137,00m angegeben. Die ursprünglichen Baumaße waren vermutlich 146,60m (Höhe) und 230,30m (Seitenlänge). Man nimmt außerdem an, daß die Spitze aus einem anderen Material (Gold ?) gefertigt und die Pyramide mit Platten aus Kalkstein verkleidet war.

Geometrie der Pyramide

Zur Pyramidenberechnung sind folgende Formeln anwendbar:

$s = 1/2\ b \sqrt{1 + 1/\cos^2 phi}$

$h = 1/2\ b \quad \tan phi$

phi "cheops" = 51 Grad
(Neigungswinkel der
Cheopspyramide)

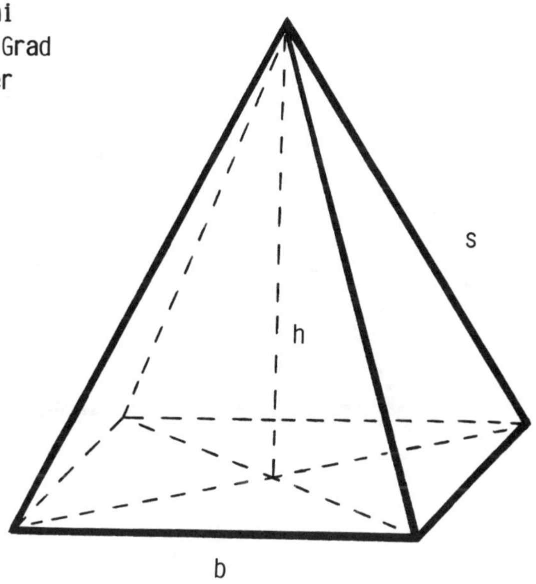

s = Seitenlinie
b = Grundlinie
h = Höhe

Wer sich nicht lange mit mathematischen Berechnungen aufhalten will, überträgt einfach das folgende Dreieck viermal auf das gewünschte Material.

Werden die Seiten (s) miteinander verbunden, so entsteht automatisch eine Pyramide vom "Cheopstyp". Die Grundlinie (b) muß natürlich unten sein.

Möchte man die Größe der Pyramide verändern, so werden beide Schenkel (s) des Dreiecks verlängert oder verkürzt, wodurch auch die Pyramide größer bzw. kleiner wird.

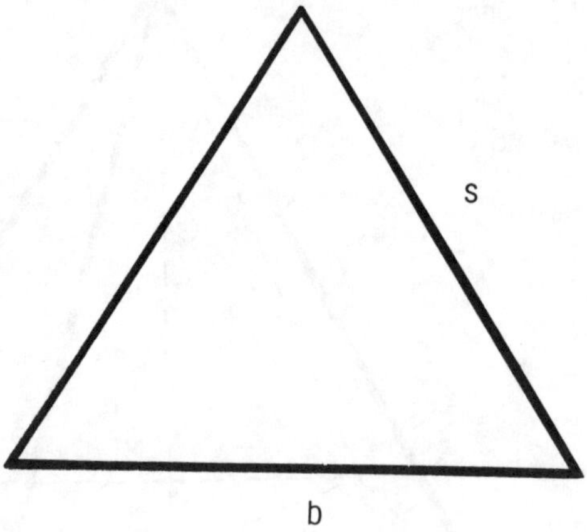

Es wird oft berichtet, daß die Pyramide eine ganz exakte Kopie der Cheopspyramide sein muß, um wirksam zu sein.

Nun sind zum einen die genauen Maße der Cheopspyramide zur Bauzeit nicht bekannt, zum anderen gibt es auch in Ägypten Pyramiden mit verschiedenen Maßen und Neigungswinkeln.

Bei einer Pyramide wurde sogar während der Bauzeit der Winkel geändert, so daß nun zwei verschiedene Winkel vorhanden sind (Knick-pyramide des Snofru).

Mexikanische Pyramiden sind allgemein etwas flacher als der ägyptische Typ, aber auch diese Pyramiden haben eine Wirkung !

Bekannte Pyramidenforscher wie Karl Drbal experimentierten mit verschiedenen Pyramidentypen, wobei auch unterschiedliche Neigungswinkel ausprobiert wurden. Es muß also nicht immer der Cheopstyp sein !

Im Kapitel >> Forschung << wurde bereits ausführlich über Versuche mit dem mittlerweile nach mir benannten Pyramidentyp (K-Typ oder Keppelersche Pyramide) berichtet. Für Bauweise und Material gilt dasselbe wie für den Cheopstyp; lediglich die Form der Dreiecke und damit der Neigungswinkel sind verschieden.

Da der Neigungswinkel der K-Pyramiden in direkter Beziehung zum Inklinationswinkel steht, sollte außerhalb Mitteleuropas der entsprechende Winkel festgestellt und die Konstruktion entsprechend abgeändert werden.

Der Inklinationswinkel ist, je nach Ort, verschieden, jedoch sind die Abweichungen innerhalb Deutschlands so gering, daß sie vernachlässigt werden können.

Bei Versuchen waren geringe Wirkungsunterschiede erst bei Differenzen von mehr als 5 Grad nachweisbar. Eine Pyramide von 65 Grad hat also auch bei einem Inklinationswinkel von 70 Grad noch ihre volle Wirkung. Erst bei mehr als 10 Grad Abweichung sind Wirkungsverluste erkennbar.

Die K-Pyramiden können nach derselben wie bereits für die

Cheopspyramide ausführlich geschilderten Bauanleitung angefertigt werden. Lediglich der Winkel der Dreiecke ist anders.

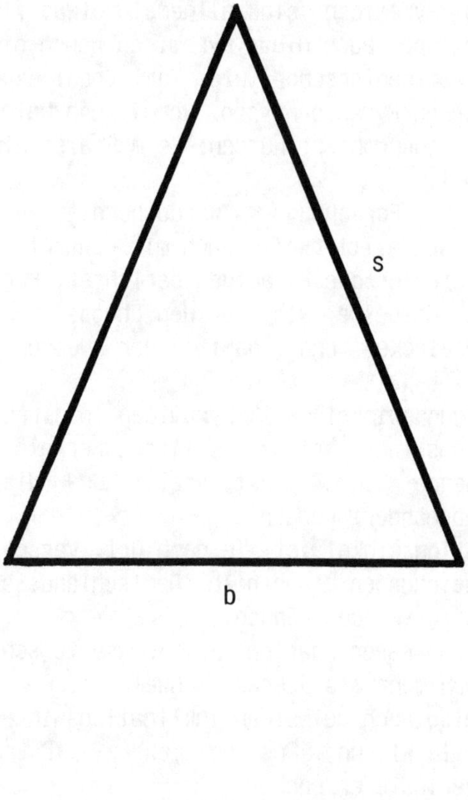

Befestigen der einzelnen Seiten

Die einfachste Herstellungsweise besteht darin, die angegebenen Maße bzw. die Zeichnung auf einen Karton (Stärke mindestens 1mm) zu übertragen und vier gleichgroße Dreiecke mit dem Tapetenmesser auszuschneiden.

Um nun die Pyramidenform zu erhalten, müssen die Dreiecke an den Seiten befestigt werden. Hierzu festes Klebeband (breites Paketband) verwenden.

Mehr Stabilität entsteht, wenn die Seiten außen mit Klebeband fixiert und die Innenseiten zusätzlich mit Silikonkautschuk geklebt werden.

Man dreht dazu die Pyramide um und stellt sie mit der Spitze in ein Glas. Der Kleber kann nun sehr einfach auf die Innenkanten aufgetragen werden. Die Festigkeit läßt sich zusätzlich vergrößern, wenn dünne Holzstäbe in die Kanten miteingeklebt werden.

Kartonpyramiden

Pappkarton bis zu 2mm ist einfach zu verarbeiten, stärkeres Material läßt sich jedoch kaum noch schneiden. Außerdem ergibt sich beim Zusammenkleben von Materialien, die stärker als 2mm sind, das Problem mit den Kanten. Entweder es entstehen Rinnen, oder die Kanten sind verschoben. In beiden Fällen wird die Wirksamkeit geringer.

Kupfer

Das Blech für Pyramiden aus Kupfer sollte mindestens 0,7mm stark sein. Kupferfolien sind nicht geeignet, auch wenn die Folie auf Karton aufgegeklebt wird. Kupferblech mit der erforderlichen Stärke läßt sich nicht mehr schneiden, es muß gesägt, oder besser, gestanzt werden.

Die Kupferdreiecke können dann zusammengeklebt oder auch gelötet werden. Wird Kupferblech genietet, entsteht eine unebene Oberfläche, die Pyramidenkraft kann dadurch abgeschwächt werden. Zumindest sollten keine Nieten aus gleichartigem Material Verwendung finden.

Außerdem stört die genietete Seite der Pyramide den ästhetischen Eindruck den diese Raumform allgemein zu vermitteln vermag.

Plastik

Plastikmaterial (z.B Acrylglas) in der nötigen Stärke (5 bis 10mm) ist im Baustoffhandel oder in Bastelgeschäften erhältlich. Wenn man Glück hat und vor allem ein größeres Format wählt, wird dort die Pyramidenform herausgesägt.

Mit einer Laubsäge oder einer elektrischen Stichsäge können Plastikteile auch selbst bearbeitet werden. Der Zeitaufwand für das Aussägen ist erheblich, zudem können die Pyramidenkanten meist nicht ganz exakt herausgearbeitet werden.

Auch hier ergibt sich das Problem mit der Überlappung der Außenkanten. Die Verringerung der Wirkung ist jedoch nicht so erheblich wie bei der Kartonpyramide, da die Plastikpyramide insgesamt eine stärkere Wirkung zeigt.

Die Dreiecke werden nach ihrer Fixierung (mittels Kreppband) mit einem Zweikomponeten-Klebstoff (z.B. UHU-Endfest 300) zusammengeklebt. Nach der Aushärtung des Klebstoffs kann das Kreppband wieder abgezogen werden. Eine Lackierung der Oberfläche ist nicht sinnvoll.

Gießharz

Elegant, aber aufwendig sind Gießharz-Pyramiden. Aus Silikonkautschuk wird die Negativform einer Pyramidenseite hergestellt. Anschließend kann man beliebig viele Pyramidenteile gießen. Etwas schwierig ist es, gleichstarke Dreiecke zu erhalten; die Menge pro Guß muß genau abgemessen werden.

Die Schichtdicke sollte zwischen 3 und 5mm liegen. Geklebt werden die einzelnen Teile mit Zweikomponentenkleber oder einer kleinen Menge Gießharz. Zum Aushärten ist reichlich Zeit nötig - für die Herstellung einer Pyramide kann man etwa fünf Tage rechnen.

Wirksamkeit:

Über die unterschiedliche Wirksamkeit von Form und Material wurde bereits berichtet. Für die erfolgreiche Anwendung eignen sich nur bestimmte Kombinationen. Vergleicht man die positiven Pyramiden, so ergibt sich folgende Abstufung:

geringe Wirksamkeit:	Cheops/Karton, Cheops/Holz,
mittlere Wirksamkeit:	Cheops/Gießharz, K-Typ/Karton, K-Typ/Holz
gute Wirksamkeit:	Cheops/Kupfer, Cheops/Acryl, Cheops/Kupfer/versilbert, Cheops/Messing, K-Typ/Acryl, K-Typ/Gießharz,
sehr gute Wirksamkeit:	K-Typ/Kupfer, K-Typ/Messing, K-Typ/Kupfer/versilbert.

Wer als Laie, für welchen Zweck auch immer, eine Pyramide herstellen will, wird gerade bei den wirklich wirksamen Pyramiden auf Schwierigkeiten stoßen.

Der Umgang mit Gießharz will gelernt sein, und es erfordert sehr viel Übung, völlig blasenfreie Werkstücke herzustellen.

Möchte man ein paar Kupferdreiecke in den gewünschten Maßen stanzen lassen, wird man in den entsprechend ausgerüsteten Betrieben meist nur milde belächelt, oder es werden extrem hohe Kosten veranschlagt.

Wenn keine privaten Beziehungen zu einem Schlosser oder Klempner bestehen, ist die Herstellung von Kupferpyramiden ein recht entmutigendes Unternehmen.

Was liegt also näher, als gleich fertige Pyramiden zu kaufen? Senden Sie einfach eine Postkarte an den Keppeler Verlag, Kapuzinergasse 12, 8900 Augsburg und fordern Sie unseren Gratisprospekt G3 an, oder rufen Sie uns uns einfach an:

0821 / 518878

IV. AUFSTELLEN UND AUSRICHTEN

Als Unterlage eignen sich am besten Möbel aus Holz. Die Pyramide kann aber auch auf Stein, Keramik, Glas oder Kunststoff stehen, zu vermeiden sind Unterlagen aus Eisen, Chrom oder Nickel. Die Pyramide kann an Schnüren oder Nylonfäden aufgehängt werden; es werden einfach vier kleine Löcher in die Seiten gebohrt und die Schnur anschließend durchgezogen. Möchte man die Pyramide über ein Aquarium stellen, so können dünne Holz- oder Glasstäbe verwendet werden.

Für Dehydrationsversuche wird die Pyramide auf kleine Klötzchen aus Holz oder Plastik (Lego-Bausteine) gestellt, damit die Luft besser zirkulieren kann.

Elektrische Geräte, auch Leitungen, sollten mindestens einen Meter von der Pyramide entfernt sein. Radio- oder Fernsehgeräte stören die Pyramide ganz besonders - sie sollten deshalb nach Möglichkeit nicht gemeinsam in einem Raum stehen.

Störend wirken sich vermutlich auch Neonröhren aus. Die Wirkung dieses Lichts führt außerdem bei empfindlichen Personen zu Sehstörungen, Kopfschmerzen und anderen Beschwerden, so daß trotz der erheblichen Stromeinsparungen im Haushalt besser auf diese Lichtquellen verzichtet wird.

Wesentlich für die gute Funktion der Pyramide ist ihre Ausrichtung in Nord-Süd-Richtung. Hierzu ist unbedingt ein Kompaß nötig!

Es wurde leider schon oft beobachtet, daß die Pyramide nach der Himmelsrichtung "im Osten geht die Sonne auf" ausgerichtet war und dann dementsprechend unbefriedigende Ergebnisse erzielt wurden.

Je kleiner ein Kompaß ist, desto ungenauer, bzw. schwerer ablesbar ist seine Anzeige.

Besorgen Sie sich deshalb einen guten Wanderkompaß: Die beste Pyramide kann ihre Wirkung nicht entfalten, wenn sie nicht genau auf den magnetischen Nordpol (!) ausgerichtet ist.

Größere Gegenstände aus Eisen (z.B. ein Ofen) können die Magnetnadel ablenken. Generell sollte sich im Umkreis von mindestens einem Meter kein Eisen oder ein anderes magnetisches Material befinden, da dadurch die magnetischen Feldlinien gebeugt werden. Die Magnetnadel zeigt dann nicht genau die Nord-Süd-Richtung an.

Wer selbst forschen möchte, dem seien Magnetnadeln von mindestens 6 cm Länge empfohlen; sie ermöglichen eine ganz exakte Ausrichtung. (Fa. PHYWE).

Sind nur einfache Ausführungen von Kompassen vorhanden, so können gleichzeitig zwei oder mehr verwendet werden. In einer Linie, jedoch mit soviel Abstand, daß sie sich nicht gegenseitig beeinflussen, aufgestellt, zeigen sie die N-S-Richtung meist sogar genauer an als ein mittelgroßer, wesentlich teurerer Kompaß.

Außerdem, wenn vier Kompasse vorhanden sind, können sie in etwa 5 Zentimeter Abstand von den vier Seiten der Pyramide aufgestellt werden und ermöglichen ein genaues "Ein-norden" der Pyramide. Abweichungen durch Eisengegenstände können bei dieser Methode sehr gut erkannt werden, da dann nicht alle vier Kompasse in dieselbe Richtung zeigen.

Nach dem Ausrichten Kompaß wieder entfernen !

Kompaßnadeln bestehen aus relativ stark magnetischem Material. Die Wirkung der Kompaßnadel auf die Pyramiden ist ausgesprochen ungünstig und kann unter Umständen sogar dazu führen, daß die Pyramide negativ strahlt! Deshalb unbedingt den Kompaß nach dem Ausrichten wieder entfernen.

Anfangswirkung bei Kupferpyramiden beachten !

Bei den besonders stark wirksamen Kupferpyramiden des K-Typs kann beim Aufstellen in der Nähe des Bettes die anregende Wirkung in den ersten Tagen zu unruhigem Schlaf führen. Sollten Unruhegefühle oder andere unangenehme psychische Empfindungen entstehen, wird die Pyramide in einem anderen Teil der Wohnung plaziert. Nach einer Woche kann dann die Pyramide endgültig im Schlafraum aufgestellt werden.

Treten weiterhin unangenehme Effekte auf, so sind dafür meist ungünstige Strahlungsverhältnisse verantwortlich (Störungen des Erdmagnetfeldes, elektrische Leitungen, etc.).

Eine Vergiftung des eigenen Körpers durch Medikamentenmißbrauch, Alkohol oder Zigaretten kann ebenfalls zu Irritationen führen: Dem Körper wird durch die Pyramiden die Schädigung durch diese Stoffe "bewußt" und er reagiert auf die Gifte mit einem unterschwelligen Unruhe- oder Krankheitsgefühl.

Bei der Behandlung von Krankheiten oder bei unklaren Beschwerden ist der Rat eines Heilkundigen einzuholen. Bei bestimmten psychischen Krankheiten, die vor allem durch Realitätsverluste und Wahnvorstellungen gekennzeichnet sind, sollte generell keine Pyramide aufgestellt werden. Die betreffenden Personen würden durch die anregende Pyramidenwirkung zusätzlich aktiviert, was weder im Sinne des Patienten noch seiner Umgebung sein dürfte.

"Ausschalten" der Pyramide

Die Pyramide verliert ihre Wirkung nicht, wenn sie einfach verdreht wird, sondern sie wird dann zum Negativstrahler!

Bei Experimenten läßt sich leicht beweisen, daß eine quer zur üblichen Nord-Süd-Richtung stehende Pyramide eine ungünstige Wirkung entfaltet.

Die Pyramide kann durch einfaches Umlegen auf eine der Dreiecksseiten ausgeschaltet werden. Zusätzlich empfiehlt es sich, diese Pyramiden auf dem Dachboden oder in einem Abstellraum aufzubewahren.

Übertragen der Pyramidenenergie

Unter der Pyramide, sowie in einem Abstand bis zu einem halben Meter kann das Energiefeld der Pyramide direkt einwirken. Möchte man die Wirkung auf einen größeren Bereich ausdehnen, so wird die Pyramide auf vier Klötzchen gestellt, so daß die Luft frei zirkulieren kann. Die P-Energie überträgt sich dabei auf die Luftmoleküle und verteilt sich so über den ganzen Raum.

Noch besser ist die Wirkung, wenn ein Glas mit Wasser unter die Pyramide gestellt wird; das verdunstende Wasser wird aufgeladen und verteilt die Energie.

Dem Wasser können Duftessenzen beigemischt werden, wodurch eine Wirkungssteigerung möglich ist.

Das beim Auskristallisieren von Kupfersulfat verdunstende Wasser scheint die Wirkung der Pyramiden auf einen Raum besonders nachhaltig positiv zu beeinflussen; möglicherweise ist dieser Effekt auf Mikrospuren von Kupfer zurückzuführen.

Eine Schädigung durch das sich in der Luft verteilende Kupfer ist selbst bei mehreren aufgestellten Pyramiden unwahrscheinlich, der Kupferanteil liegt im homöopathischen Bereich.

Die Pyramide kann auch auf eine Platte aus Kupfer, deren Ränder hochgebogen sind, gestellt werden.

Durch diese "Resonatoren" wird die Pyramidenkraft zusätzlich verstärkt. (Vergl. hierzu S.271 > Pyramidenangebote)

Nachlassen der Wirkung

Eine "Materialermüdung" und damit eine Verminderung der Wirkung konnte besonders bei Pyramiden aus relativ weichen Materialien wie Pappkarton, Wachs oder Plastik festgestellt werden.

Kartonpyramiden waren oft schon nach 2 bis 3 Monaten "leer". Bei Plastikpyramiden vermindert sich die Wirkung nach etwa einem halben Jahr.

Mehrfach wurde ein Umschlagen der Pyramiden beobachtet: Positive Pyramiden verloren nicht nur ihre Wirksamkeit, sondern sie "polten" regelrecht um wurden zu Negativstrahlern.

Bei Kupferpyramiden konnte dieser Effekt bisher noch nicht nachgewiesen werden, es ist aber anzunehmen, daß auch diese

Pyramiden im Laufe der Jahre an Wirkung verlieren.

Eine Regenerierungsmöglichkeit für entladene Pyramiden konnte bisher nicht gefunden werden.

Es empfiehlt sich, Kupferpyramiden, die dauernd negativen Schwingungen ausgesetzt sind (Pyramiden zur Fernsehentstrahlung, Abschirmung von Erdstrahlen etc.), nach einem Jahr auszuwechseln. Pyramiden aus anderen Materialien sollten für diese Zwecke gar nicht eingesetzt werden.

Erklären läßt sich der beschriebene Effekt vorläufig nicht. Es könnte sich um eine ähnliche Erscheinung wie beim Magnetismus handeln: Ferromagneten verlieren ebenfalls, selbst wenn sie nur "herumliegen", ihre Anziehungskraft.

Werden die magnetischen Feldlinien geschlossen, indem beispielsweise über die beiden Pole eines Hufeisenmagneten ein Joch (Streifen aus Eisenblech) gelegt wird, ist die Abnahme der Magnetkraft geringer.

Magneten, die elektrischen, mechanischen oder thermischen Einflüssen ausgesetzt sind, können dagegen ihre Wirkung sehr schnell verlieren.

Das Grundmaterial für die Herstellung eines Magneten reagiert dagegen auf die genannten Einflüsse nur in sehr geringem Ausmaß.

Bei der Pyramide kann Ähnliches beobachtet werden: Erst wenn die Dreiecke zur Pyramidenform zusammengefügt sind, beginnt die Ermüdung des Materials. Dieser Umstand hat für die Praxis, vor allem wenn KupferPyramiden verwendet werden, relativ wenig Bedeutung, könnte aber für die theoretische Erklärung der Pyramidenkraft wichtig sein.

Pyramidensysteme

Nicht nur vom Material her sind Veränderungen der Pyramide möglich. Das Prinzip der "Formenergie" läßt auch andere Systeme zu.

Die bereits erwähnte Winkelveränderung ergibt Pyramiden mit deutlicher Verstärkung der positiven Wirkung.

Werden mehrere Pyramiden übereinandergestellt, so kann sich beim Cheopstyp eine Verstärkung der relativ geringen Einzelwirkung ergeben.

Meine erste, wirklich wirksame Pyramide bestand aus drei übereinander montierten Cheopspyramiden.

Beim K-Typ ist diese Art der Anordnung unnötig, da die Einzelwirkung bereits sehr gut ist. Nebeneinanderstehende Pyramiden dieses Typs sind deshalb wirkungsvoller, als wenn sie übereinander angeordnet sind.

Exotische Kombinationen

Drei oder mehr kleine Pyramiden übereinander, verschiedene Materialien, Größen und Neigungswinkel, etc. zeigten im Test keine besonderen Ergebnisse. Diese oft skuril aussehenden Anordnungen können aber sehr leicht zu Negativstrahlern werden; insofern sind derartige Konstruktionen höchstens für Versuchszwecke interessant.

Pyramiden können auch nur aus ihren "angedeuteten" Umrissen bestehen; hierzu werden Kupfer- und Aluminiumrohre oder Holzstangen verwendet. Diese oft zwei bis drei Meter hohen Pyramiden sollen in einigen Anwendungsbereichen recht gute Erfolge zeigen.

Bei meinen persönlichen Versuchen ergaben sich mit dem "Stangenprinzip" keine nennenswerten Ergebnisse, was jedoch zukünftige Experimentatoren nicht abhalten sollte, selbst ein paar Holzstangen in Pyramidenform zusammenzubinden und zu testen.

Pyramidenzelte aus Kunststoff waren zeitweise in Amerika ein großer Hit; sogar bekannte Filmstars ließen sich in diesen Meditationspyramiden abbilden.

Pyramidenähnliche Gebilde aus Stoff wurden auch, als moderne Version des Himmelbetts, über Schlafstätten montiert, und einige Benutzer äußerten sich darüber enthusiastisch.

Im Test zeigte sich, daß fast alle organischen Stoffe in Pyramidenform auch Pyramidenenergie erzeugen. Je rauher allerdings die Oberfläche wird, desto fragwürdiger die Wirkung.

Ob Pyramidenzelte wirklich die große Offenbarung sind, sei dahingestellt. Exakte Kanten und gerade Flächen sind jedenfalls bei Gebilden aus Stoff nicht möglich, wodurch sich wiederum unkontrollierbare Nebenwirkungen ergeben können.

Pyramidenkraft und Magnetismus wird beim sogenannten Pyramidengenerator kombiniert. Der Hersteller warnt davor, den Generator zu öffnen - er könnte seine Wirksamkeit verlieren. Wenn man das Gerät dennoch öffnet, kommen zwei Metallschienen und zwei Magnete zum Vorschein.

Offensichtlich soll das entstehende Magnetfeld in Kombination mit den kleinen Pyramidenecken auf der Oberseite als Generator wirken. Im Versuch mit dem (ungeöffneten) Pyramidengenerator konnten keine besonderen Ergebnisse erzielt werden.

"Overheadsysteme", aus Stangen (Kunststoff oder Kupfer) bestehende Pyramiden zum Aufhängen, wiederum eine Neuheit aus den USA, konnten in ihrer Wirkung nicht recht überzeugen und sind wohl mehr als Raumschmuck oder "Pyramiden-Mobile" verwendbar.

Bei den Experimenten zeigte sich, daß viele Pyramidensysteme regelrechte "Negativstrahler" waren. Um eine gesundheitliche Gefährdung zu vermeiden, wurden von mir die Versuche mit diesen obskuren Gebilden schließlich eingestellt.

Kosmische Energieerzeuger

Trittbrettfahrer hinsichtlich der Pyramiden gibt es auch in anderen Variationen. So werden "kosmische Energieerzeuger" propagiert und mit den Pyramiden verglichen, obwohl sie wenig gemeinsam haben.

Als Leserreaktion auf einen meiner Artikel wurde als pyramidenähnliches Energieerzeugungssystem der Quambell-Aldron-Zylinder offeriert:

"Der Quambell-Aldron-Zylinder ist die praktische Umsetzung des schon seit uralten Zeiten bekannten Prinzips der repronsiven Resonanz kosmischer Strahlung in zerebralen Vakuolen. Der Q-A-Zylinder wird durch einen immateriellen Kurzschluß zwischen der allgegenwärtigen kosmischen Energie und der imaginativen Kraft des menschlichen Geistes gebildet.

Stellen Sie sich einen Zylinder beliebiger Größe, Farbe und Materials vor. Wenn Sie ihn klar und deutlich sehen, haben Sie einen Q-A-Zylinder aktiviert!

Jetzt beginnen die kosmischen Energien zu fließen. Lassen Sie den Zylinder so lange an Ort und Stelle, wie es Ihnen beliebt. Sollte es einmal nicht klappen, wiederholen Sie den ganzen Vorgang. Variieren Sie Größe, Farbe und Material des Zylinders..."

Die recht komplizierte Beschreibung sollte nicht darüber hinwegtäuschen, daß es sich um ein imaginäres Gebilde handelt. Der Q-A-Zylinder kann bestenfalls für Meditationen verwendet werden; mit Pyramidenkraft hat er jedenfalls sehr wenig zu tun.

V. PYRAMIDENKRAFT IM HAUSHALT

Ein sehr interessantes Anwendungsgebiet für die Kräfte der Pyramiden ist die Verbesserung der Qualität von Nahrungs- und Genußmitteln. Gerade biologisch vollwertige Nahrung läßt sich durch die Pyramide zusätzlich mit positiven Energien aufladen und bildet so ein Gegengewicht zum "fast food - instant - artificial" Essen.

Substanzlose, mit Chemikalien durchsetzte Nahrungsmittel können mit Hilfe der Pyramidenkraft nur eingeschränkt verbessert werden. Es sollten also nach Möglichkeit wenig oder gar nicht vergiftete Lebensmittel verwendet werden.

Ernährung allgemein

Früher hatten nur Arzneimittel einen Beipackzettel, der auf Zusammensetzung, Anwendung und Nebenwirkungen hinwies. Mittlerweile sind die Inhaltsangaben von Lebensmittelpackungen genauso umfangreich und unverständlich geworden.

Wenn man nicht gerade Pharmakologe oder Chemiker ist, wird man mit Bezeichnungen wie PHB-Ester und E 305 wenig anfangen können. Viele der Inhaltsstoffe sind harmlos, andere dagegen verursachen gesundheitliche Störungen.

Es ist erstaunlich, daß eine Substanz wie Natriumnitrit (Pökelsalz), deren carzinogene Wirkung nachgewiesen ist, immer noch in den meisten Fleisch- und Wurstwaren enthalten ist. Bedeutet es dem Kunden tatsächlich mehr, rosiges Fleisch mit krebserregenden Stoffen anstelle von normal aussehendem, etwas leichter verderblichem Fleisch zu kaufen ?

Schmelzsalz (Natriumpolyphosphat) ist vielen Käsesorten beigemischt und kann zu Verhaltensstörungen führen.

Die Liste der gefährlichen Stoffe in den Nahrungsmitteln ist lang, und jeden Tag kommen neue Gifte hinzu.

Will der Verbaucher tatsächlich so viel Chemie im Essen ? Angesichts der globalen Verwendung von Kunstdünger, Insektiziden, Konservierungsmitteln, Farbstoffen und "Geschmacksverstärkern" ist es schwierig, einer schleichenden Vergiftung durch Nahrungsmittel zu entgehen.

Leider zeigen die meisten dieser Chemikalien keine Sofortwirkung. Erst nach Jahrzehnten entstehen irreversible Krankheiten, und die Gefährlichkeit dieser Stoffe wird erkannt.

Bleibt die Hoffnung, daß die Abwehrkräfte unseres Körpers stark genug sind, um zumindest teilweise den Ansturm von Schadstoffen zu verarbeiten. Unterstützen kann man den Kampf durch entsprechend sinnvolle - biologisch vollwertige - Kost, die mit Hilfe der Pyramidenkraft zusätzlich positiv aufgeladen wurde.

Getreide

Recht preisgünstig und gesund ist die Ernährung mit Getreide. Die verschiedenen Getreidesorten können in Reformhäusern oder Naturkostläden gekauft werden. Dort besteht auch meist die Möglichkeit, das Getreide schroten oder mahlen zu lassen. Kauft man ab Bauernhof, so ist man über die niedrigen Preise des Getreides erstaunt: ein Zentner des üblichen Weizens (Mahlweizen) ist schon für DM 50.- erhältlich. Von dieser Menge kann man sich notfalls monatelang ernähren!

Aus Getreide lassen sich, mit etwas Phantasie, die unterschiedlichsten Gerichte zaubern. Getreide kann man quellen lassen und anschließend zu Suppe verarbeiten. Aus gekeimtem Getreide läßt sich Salat zubereiten. Und natürlich kann aus Getreide (Mehl) auch Brot gebacken werden.

Sie erhalten so echte Vollwertkost, mit der Sie die Ernährungssünden unserer Zivilisation ausgleichen können.

Getreide kann, trocken gelagert, über Jahre hinweg aufbewahrt werden; eine der besten Methoden, sich für Notzeiten zu bevorraten.

Eine ausreichende Trocknung erreicht man durch ein Paket Salz, das zwischen das Getreide gelegt wird; das Salz zieht die Feuchtigkeit an. Bei größeren Mengen oder sehr feuchtem Getreide kann das Salz nach einigen Monaten ausgetauscht werden. Zusätzlich läßt sich das Getreide durch die Pyramide aufladen. Stellen Sie einfach eine Pyramide über den Behälter mit dem Getreide.

Nach der beschriebenen Methoden behandeltes Getreide war nach fünf Jahren Lagerung noch voll keimfähig. Pyramidenbehandeltes Getreide eignet sich somit vorzüglich für eine langfristige Bevorratung.

Trocknen

Eine der klassischen Anwendungsmöglichkeiten der Pyramide ist das Trocknen. Fast alle Nahrungsmittel trocknen unter der Pyramide schneller aus und werden dadurch konserviert. Je nach Feuchtigkeitsgehalt und Größe dauert es zwischen 10 Tagen und 4 Wochen. Kräuter und Heilpflanzen lassen sich ebenso gut trocknen wie diverse Obst- und Gemüsesorten.

Größere Stücke sollten entsprechend zerkleinert werden, damit ein gleichmäßiger Trocknungseffekt entsteht.

Trotz der Pyramidenwirkung sollte auf Schimmelbildung kontrolliert werden, da einige Schimmelarten nicht so harmlos sind, wie man zu "Großmutters Zeiten" noch glaubte.

Bestimmte Schimmelarten bilden Giftstoffe (Aflatoxine), die zu Krebserkrankungen führen können. Deshalb grundsätzlich auf verschimmelte Nahrungsmittel verzichten. Das oberflächliche Entfernen des Schimmels genügt nicht, da sich oft kaum sichtbare Ausläufer des Myzels tief in das Nahrungsmittel hineinziehen.

Schonendes, nicht zu schnelles Trocknen ist immer noch eine der besten Konservierungsmethoden. Gemüse und Obst behalten weitgehend ihre Vitalstoffe und erhalten durch die Pyramide zusätzlich positive Energien!

Größeren Mengen können mit käuflichen Trockenapparaten oder im Bratrohr bei niedriger Hitze getrocknet werden. Anschließend wird das Trockengut in Papiertüten verpackt und unter der Pyramide gelagert.

Die Pyramidenenergie überträgt sich auch auf die Umgebung. Es genügt, die Pyramide über dem Trockengut oder in unmittelbarer Nähe aufzustellen.

Zucker, Salz, Gewürze

Legen Sie feuchtes Salz oder Zucker unter die Pyramide, die Feuchtigkeit wird rasch verschwinden. Die Pyramide sollte dabei so aufgestellt werden, daß sie mit den Kanten nicht aufliegt; die freie Zirkulation der Luft muß möglich sein.

Bei Gewürzen dagegen kann die Pyramide aufliegen, die Gewürze sollten luftdicht verpackt sein. Der Geschmack und die Ergiebigkeit der Würzmittel lassen sich durch die Aufladung unter der Pyramide wesentlich verbessern.

Fleisch und Wurst

Zur Aufladung eignen sich hauptsächlich Fleisch- und Wurstsorten, die auch normalerweise nicht im Kühlschrank aufbewahrt werden müssen. Bei leicht verderblichen Fleisch- und Wurstwaren sollte auf eine Aufladung verzichtet werden. Ebenso bei Fisch, Mayonnaise oder anderen leicht verderblichen Nahrungsmitteln.

Gefrierkost

Eingefrorenes kann unter der Pyramide aufgetaut werden. Häufig wird dadurch der Geschmack besser, bzw. das Aroma bleibt erhalten. Eine Pyramide in oder über die Kühltruhe zu stellen, hat wenig Zweck; der Elektromotor des Kühlaggregats mindert die Pyramidenwirkung zu stark.

Schlankheitskuren

"Kleine Zwischenmahlzeit: Sie nehmen den Saft einer frisch gepreßten Zitrone (nur sonnengereifte Früchte verwenden) und träufeln ihn vorsichtig über 120g zartes, mild geräuchertes Forellenfilet.

Anschließend legen Sie das Filet auf eine Scheibe goldbraun getoastetes Weißbrot. Garniert wird mit einer halben Olive oder einer kleinen Essiggurke. Dazu reichen Sie eine Scheibe frischer Ananas, ebenfalls auf Toast, die mit einer kandierten Kirsche garniert wird. Nur 360 Kalorien!"

Stellen Sie sich das ganze Gericht appetitlich angerichtet vor: Das Wasser wird Ihnen im Mund zusammenlaufen, und Ihr Magen wird ein deutliches Hungergefühl erzeugen.

Wie man bei einer derartigen Diät abnehmen soll, ist schleierhaft; dennoch ist dies ein typisches Beispiel für die zahllosen angebotenen Abmagerungskuren und Schlankheitsdiäten.

Wer wirklich abnehmen will, muß an sich selbst arbeiten und seinen Willen auf dieses Ziel ausrichten. Freß-Sucht ist eine der großen Bedrohungen für unsere Gesundheit, und sie ist vor allem eine Sucht! Darüber sollten Aussprüche wie "rund und gesund" nicht hinwegtäuschen.

Herz- und Kreislauferkrankungen, Diabetes, Erkrankungen des Verdauungstrakts und eine insgesamt verkürzte Lebenserwartung sind die Folge. Über die "paar Pfunde zuviel" nachzudenken, lohnt sich also.

Biologisch vollwertige Ernährung sowie ausreichende Bewegung helfen das Körpergewicht in vernünftigen Bereichen zu halten. Wer zusätzlich die innere Kraft aufbringt, einige Tage zu fasten, wird bald sein gewünschtes Gewicht erreichen können.

Lassen Sie sich dazu von Ihrem Arzt oder Heilpraktiker unterstützend beraten; er wird Ihnen eventuell zusätzlich Mineralstoff- und Vitaminpräparate empfehlen.

Wasser

Die Verwendung von Wasserfiltern mit Holzkohle kann bei der oft schon sehr schlechten Qualität des Trinkwassers durchaus von Nutzen sein. Laden Sie das so vorgereinigte Wasser für einige Stunden oder besser über Nacht unter der Pyramide auf. Es schmeckt weniger nach Chlor und ist frischer. Zum Aufladen von Wasser benutzen Sie einen sauberen Behälter aus Glas, Keramik oder Plastik (kein Metall !).

Kaffee - Tee

Benutzen Sie aufgeladenes, gereinigtes Wasser zum Kaffeekochen; der Geschmack wird aromareicher. Eine kleine Prise Salz verstärkt diesen Effekt zusätzlich.

Durch Zusatz von Zitronensaft wirkt Kaffee schneller und stärker; die Zitronensäure verbindet sich mit den Inhaltsstoffen des Kaffees zu leicht löslichen Verbindungen (Koffeinzitrat). Dasselbe gilt für Tee.

Zubereitungen mit Milch sind dagegen milder und magenschonender in ihrer Wirkung.

Stellen Sie Kaffee oder Tee in einem kleinen verschlossenen Behälter unter die Pyramide. Wirksamkeit und Aroma werden im allgemeinen dadurch verbessert.

Probieren Sie auch nach demselben Rezept exotische Tees, z.B. "Mu - Tee". Die rituelle Zubereitung dieser Tees ist eine schöne Einstimmung für Meditation oder auch parapsychologische Aktivitäten (Hellsehen, Pendeln etc.).

Alkoholische Getränke

Wein können Sie verbessern, wenn Sie eine Flasche über Nacht unter die Pyramide stellen. Trotz der "Aufwertung" durch die Pyramide sollte man sich nicht dazu verleiten lassen, allzu billigen Wein zu kaufen. Beigemischte Giftstoffe werden auch durch die Pyramide nicht harmloser!

Andere Spirituosen verbessern ebenfalls ihren Geschmack, wenn Sie nach dem gleichen Prinzip verfahren.

Lang lagerfähige Spirituosen (Wein, Cognac) sprechen auf die Pyramidenbehandlung besonders gut an. Eine Pyramide in den Vorratsraum oder in den Weinkeller zu stellen, kann nur empfohlen werden.

Tabak

Laden Sie Zigaretten oder Zigarren über Nacht unter der Pyramide auf; das Rauchen wird dadurch genußvoller, der Tabak aromareicher.

Gesundheitsbewußter ist es allerdings, auf das Rauchen nach Möglichkeit zu verzichten. Keinesfalls werden die Inhaltsstoffe des Tabaks nach der Pyramidenbehandlung unbedenklicher! Tabakrauch enthält nach wie vor krebserregende Stoffe. Der blaue Dunst ist einer der sichersten Wege zum Lungenkarzinom.

Rauchen wirkt auf den ganzen Organismus schädigend, also auch auf das Gehirn. Starker Tabakkonsum mindert die intellektuellen Leistungen deutlich; man vernebelt seinen Verstand.

Parapsychologische Begabungen (Telepathie, Hellsehen) werden durch Tabakrauch ebenfalls gemindert. Wer diese Fähigkeiten positiv anwenden will, sollte seinen Zigarettenkonsum reduzieren.

Durch die Verstärkung persönlicher Kräfte kann man sich von diesem teuren und gesundheitsschädigenden Laster befreien. Stufenweiser Abbau von vielen Zigaretten einer starken Sorte bis zu wenigen und leichten Zigaretten ist meist möglich und stellt bereits einen erheblichen Erfolg dar.

Tritt eine Erkältung auf oder sonst ein Ereignis, bei dem die Zigaretten nicht so recht schmecken, dann ist die letzte Stufe, der völlige Verzicht, meist relativ einfach zu bewerkstelligen.

Drogen

Gerade beim Studium amerikanischer Literatur fällt die Betonung der Pyramidenwirkung im Bereich Sex und Drogen auf. Es werden Pyramiden angeboten, die geheime Fächer enthalten ("secret stash boxes"), speziell zur Aufbewahrung und Aufladung von Drogen. Meist sind diese Pyramiden aus billigem Plastik, und das Geheimfach ist etwa dort, wo sich bei der Cheopspyramide die Königskammer befindet.

Über die Wirkung derartig energiesierter Drogen gibt es enthusiastische Berichte - wie bei so manchem aus dem Land der unbegrenzten Möglichkeiten. Man sollte diesen Berichten mit Skepsis begegnen. Außerdem: Experimente mit Drogen sind in der BRD strafbar.

Schönheitsmittel

In einer Zeit, die jugendliches Aussehen fast zur Pflicht macht, hat natürlich auch die Kosmetikindustrie Hochkonjunktur.

Viele der angebotenen Präparate können jedoch nicht halten, was die Werbung verspricht.

Ein anderer Aspekt sind die im Zusammenhang mit Kosmetikartikeln durchgeführten Tierversuche. Bei dieser Tierquälerei kann wohl festgestellt werden, in welcher Konzentration eine Chemikalie tötet oder schwere Verätzungen herbeiführt, weniger leicht lassen sich am Tier psychische Veränderungen durch diese Stoffe erforschen.

Schädigungen des Erbguts können erst bei der nächsten oder übernächsten Generation beobachtet werden.

Bei der Testung des Conterganwirkstoffes an Labortieren war die teratogene Wirkung schlichtweg übersehen worden, bzw. diese Lücke war unbemerkt geblieben.

Wie soll nun an einem Tier eine seelische Reaktion getestet werden, die das Tier gar nicht hat?

Wiederum eine offensichtliche Testlücke, mit der man sich in den Labors rechtzeitig beschäftigen sollte. Es könnte sich sonst in einigen Jahren herausstellen, daß beispielsweise Deodorants seelische Veränderungen (Schizophrenie, Verhaltensstörungen) hervorrufen können.

Naturkosmetik

Eine vernünftige Alternative dazu sind natürliche Pflegemittel.

Naturkosmetik wird bereits in vielen Geschäften angeboten und kann mit einer erstaunlich reichhaltigen, wenn auch manchmal etwas überteuerten Angebotspalette aufwarten.

Verwenden Sie nach Möglichkeit zum Aufladen unter der Pyramide diese Produkte; auf Dauer werden Sie damit die sichtbarsten Erfolge haben.

Stellen Sie einfach Kosmetikartikel über Nacht unter die Pyramide, um deren Wirksamkeit zu erhöhen. Spülen Sie nach Ihrer abendlichen Reinigung mit aufgeladenem Wasser nach; dadurch erhöht sich die Glätte und Elastizität der Haut.

Viele kosmetische Tricks sind gar nicht nötig, wenn man seinen Körper mit ausreichend Vitaminen und Spurenelementen versorgt. Es gibt dazu in jeder Apotheke entsprechende Präparate.

Nicht unerwähnt bleiben darf die Gesamteinstellung gegenüber sich und der Umwelt. Wer in Zufriedenheit und Harmonie lebt, wird auch äußerlich einen sympathischen Eindruck machen; getreu dem Satz: wie innen, so außen!

Haarpflege

Stellen Sie Ihr Shampoo unter die Pyramide. Sie können erwarten, daß es mehr schäumt und den Schmutz besser beseitigt. Spülen Sie dann mit aufgeladenem Wasser nach. Nach einigen Wäschen werden Sie feststellen, daß Sie weniger gespaltene Spitzen und weniger Schuppen haben.

Haarkuren können ebenfalls vorher aufgeladen werden. Als besonders wirksames natürliches Pflegemittel sei unter der Pyramide aufgeladenes Henna empfohlen.

Günstig ist es, den Kopf warmzuhalten, da dadurch die Kopfhaut besser durchblutet und damit "von innen" mit Nährstoffen versorgt wird. Pflegemittel und Haarkuren, die nicht ausgespült werden, können nach deren Anwendung ebenfalls durch das Tragen einer Wollmütze verstärkt werden.

Haarausfall

Von diesem "Leiden" sind hauptsächlich Männer befallen, aber mittlerweile klagen auch viele Frauen über dünnes, kraftloses Haar.

Erhöhter Streß und Umweltbelastungen begünstigen Haarausfall. Mineralstoff- (Eisen-) und Vitaminmangel können ebenfalls die Ursache sein. Lassen Sie sich hierzu von Ihrem Apotheker beraten und laden Sie die empfohlenen Mittel zusätzlich unter der Pyramide auf.

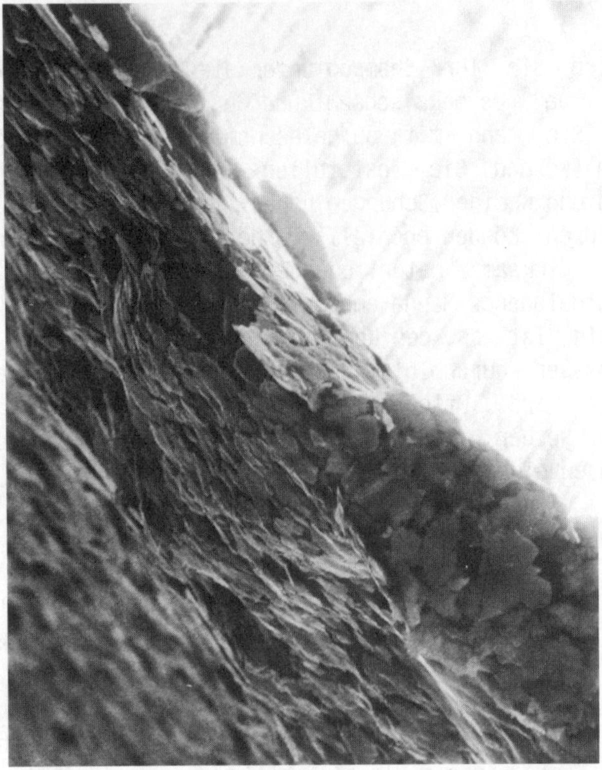

Die Schneide einer Rasierklinge unter dem Elektronenmikroskop.
Viele Experimentatoren berichten von Veränderungen der Oberflächenstruktur bei Messern oder Rasierklingen durch die Pyramidenenergie.

Weitere Anwendungen im Haushalt

Seit in der Tschechoslowakei eine Pyramide zur Rasierklingenschärfung patentiert wurde, gilt das Klingenschärfen als "klassische" Anwendung.

Meine persönlichen Erfahrungen mit den "pyramidengeschärften" Klingen waren jedoch nicht immer überzeugend. Ebenso waren einige Ergebnisse der folgenden Anwendungen unbefriedigend; diese Beispiele werden deshalb mit Vorbehalt weitergegeben:

Rasierklingen

Legen Sie Ihre Rasierklinge, die Schneiden parallel zur Nord - Süd Kante, unter die Pyramide (*. Abgenutzte Klingen sollen wieder an Schärfe gewinnen und können erneut benutzt werden. Dasselbe gilt für elektrische Rasierer, wenn Sie den Scherkopf über Nacht unter die Pyramide legen.

In ähnlicher Weise lassen sich auch Messer, Scheren oder kleine Sägeblätter unter der Pyramide schärfen. Offensichtlich vermag die Pyramide die gestörte Kristallstruktur der Schneideflächen wiederherzustellen, wodurch die Schneidegeräte wieder scharf werden. Bei grob-mechanischen Beschädigungen der Schnittflächen kann durch die Pyramidenenergie allerdings keine Schärfung mehr erreicht werden.

(* Im Original Drbal-Patent wird, im Gegensatz zu üblichen "Gebrauchsanweisungen", darauf hingewiesen, daß die Rasierklingen oder Messer bereits vor dem ersten Gebrauch unter die Pyramide gelegt werden sollten.

Reinigungs- und Putzmittel

Stellen Sie Putzmittel über Nacht in die Pyramide. Es soll auch hier eine positive Wirkung eintreten. Die Reinigungskraft wird verbessert, gewischte Flächen bleiben sauberer. In vielen Fällen kann man auf aggressive Reinigungsmittel verzichten und so einen wirksamen Beitrag zur Reinhaltung der Umwelt leisten.

Batterien

Die Lagerung von Batterien ist problematisch, da sie sich oft schon nach Monaten von selbst entladen haben. Unter der Pyramide wird dieser Prozeß vermindert, die Batterien können länger verwendet werden.

Bereits gebrauchte Batterien werden unter der Pyramide reaktiviert und können dann etwas länger verwendet werden. Bei Batterieladegeräte dürfen die Akkumulatoren nicht während des Ladevorgangs unter der Pyramide sein. Insbesondere Pyramidenenergie und Wechselstrom vertragen sich nicht besonders gut; die Wirkung der Pyramide wird gestört. Die aufgeladenen Akkus können ebenfalls unter der Pyramide aufbewahrt werden.

Farben

Farben werden streichfähiger und damit ergiebiger, wenn sie über Nacht in der Pyramide aufgeladen worden sind.

Einsparen von Heizöl

Hierzu sind die Forschungen noch nicht abgeschlossen; es wird aber berichtet, daß der Ölverbrauch durch die Pyramidenenergie gesenkt werden konnte.

Filme

Für die Aufbewahrung von Filmen eignet sich die Pyramide ebenfalls; die Haltbarkeit des Films kann dadurch verlängert werden.

Überhaupt scheint die Pyramide auf alle Stoffe, die einem natürlichen Verfall unterliegen und dadurch an Wirksamkeit verlieren, einen positiv Einfluß zu besitzen.

Schmuck

"Blind" gewordene Edelsteine sollen unter der Pyramide wieder Glanz und Feuer bekommen. Man legt das Schmuckstück in warmes Wasser, (etwas Spülmittel hinzufügen) und läßt das Ganze unter der Pyramide stehen. Nach einem Tag wird das Schmuckstück abgetrocknet und für weitere 8 Tage unter die Pyramide gelegt.

Das Schmuckstück wird dadurch nicht nur besser aussehen, es erhält auch eine positive Aufladung.

Besonders interessant ist dies bei sogenannten "Sympathiesteinen" bzw. Edelsteinen, die nach astrologischen oder parapsychologischen Gesichtspunkten verwendet werden.

Negativ können sich Schmuck oder Armbanduhren auswirken, wenn sie über Nacht getragen werden und man gleichzeitig eine Pyramide am Bett stehen hat. Bei Gegenständen aus reinen Edelmetallen wie Gold oder Silber ist die Störwirkung gering und kann normalerweise vernachlässigt werden.

Modeschmuck oder auch Uhren, die unedle und magnetische Metalle enthalten, schwächen dagegen die Pyramidenwirkung stark ab.

Billigen Schmuck sollte man übrigens nie direkt auf der Haut tragen; das für glänzende Überzüge häufig verwendete Nickel wirkt bei empfindlicher Haut als Auslöser für Allergien. Besonders leicht kann es bei Ohrsteckern zu unangenehmen Entzündungen kommen.

Kupferarmbänder

Die Patina bei Kupferarmbändern kann mit einer Mischung aus Salz und Essig entfernt werden; die Armbänder werden wie neu !

(Dieses Reinigungsmittel darf nur bei Gegenständen aus reinem Kupfer und entsprechend vorsichtig angewendet werden.)

Anschließend wird wieder für mindestens einen Tag unter der Pyramide aufgeladen. Die Wirkung von Kupferarmbändern kann durch Aufladung unter der Pyramide verstärkt werden, bzw. durch langes Tragen "leer" gewordene Armbänder werden reaktiviert.

Die Wirkung von Kupferarmbändern wird durch die Pyramidenkraft verstärkt.

Pendel

Ebenso wirkt sich die Pyramidenkraft positiv auf ein darunter gelegtes Pendel aus; man pendelt leichter und genauer. Die Pyramide wirkt sich auf sensitive, parapsychologisch begabte Menschen besonders stark und günstig aus. Bei Versuchen konnte eine deutliche Verbesserung der PSI-Leistung durch Pyramiden festgestellt werden.(*

Amulette

Die magischen Kräfte von Schutzamuletten oder Glücksbringern werden durch die Pyramidenkraft verstärkt. Hat man zwei Amulette, so kann eines unter der Pyramide aufgeladen werden, während man das andere trägt. Die Wirkung von Amuletten wird dadurch optimiert bzw. sie zeitigen den größten Erfolg. Besonders wichtig ist dies bei Amuletten zur Abschirmung von Beeinflußungen oder bösen Wünschen.(*

(* Weitere Ausführungen im Kapitel "Erfolgreich Pendeln" bzw. "Herstellung von Amuletten".

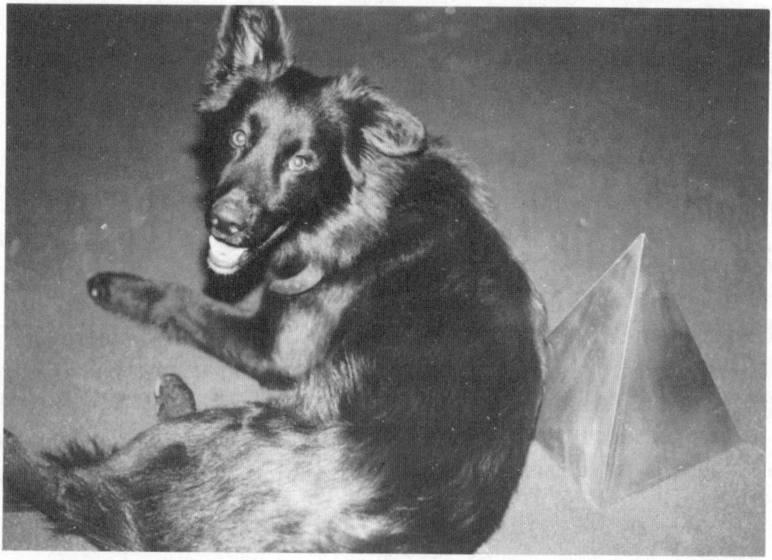

Tiere spüren instinktiv die von den Pyramiden ausgehenden Kräfte und halten sich gern in deren Nähe auf.

Haustiere

Im allgemeinen sprechen alle Haustiere auf eine Behandlung mit der Pyramidenenergie gut an. Eine in der Nähe des Lieblingsplatzes eines Hundes oder einer Katze aufgestellte Pyramide wird zur Gesunderhaltung des Tieres beitragen. Futter oder Trinkwasser kann ebenfalls aufgeladen werden. Darüberhinaus braucht die Pyramide nicht angewendet werden, da die Tiere selbst, je nach Bedarf die Nähe der Pyramiden aufsuchen.

Bei Katzen kann häufig beobachtet werden, daß sie sehr interessiert um Pyramiden herumschleichen und sich, wenn möglich, direkt danebenlegen.

Von Kanarienvögeln wird berichtet, daß sie mehr singen und ein schöneres Gelb entwickeln, wenn sie aufgeladenes Wasser erhalten. Das Gefieder von Sittichen und Papageien wird strahlender, lebendiger und kraftvoller.

Stellen Sie auch den freilebenden Vögeln aufgeladenes Wasser zum Trinken hin oder laden sie das Vogelfutter vorher unter der Pyramide auf.

Vogelhäuschen in Pyramidenform werden angeblich von unseren gefiederten Freunden vorgezogen; ein nettes Experiment für Gartenbesitzer, die Vogelhäuschen selbst bauen.

Zierfische

Die Pyramide wird über das Aquarium auf eine dünne (!) Glasplatte gestellt. Aquarienbeleuchtung und Stromleitungen sollten mindestens 20 cm entfernt sein. In Kombination mit Holzkohlefilterung und einem Luftsprudel bleibt nicht nur das Wasser länger klar, es wird auch die Raumluft frischer. Auf Membranpumpen für den Sprudel sollte verzichtet werden, da diese häufig unangenehme Schwingungen erzeugen.

Kräftige Kreiselpumpen, die das Wasser durch die Filter drücken, können mit einem Ausströmer versehen werden, der feinverteilte Luft in das Wasser einbläst.

Die Fische bekommen durch das aktivierte Wasser mehr Junge und sind weniger krankheitsanfällig. Viele Fischkrankheiten, wie die fast in jedem Aquarium latent vorhandene Ichthyophytirius, können verhindert werden.

Das Aquarium wird durch Aufladung mit der Pyramide und Kohlefilterung sehr pflegeleicht. Während übereifrige Aquarianer alle zwei Monate eine Totalreinigung des Beckens vornehmen, genügt bei einem normal besetzten, gut gefilterten und durchlüfteten Becken die Reinigung im Abstand von einem Jahr.

Unterwasserpflanzen, häufig Sorgenkind der Aquarianer, entwickeln sich unter Pyramideneinfluß wesentlich besser. Allerdings darf entsprechender Dünger sowie ausreichende Beleuchtung nicht vergessen werden.

Wenn über dem Aquarium keine Pyramide angebracht werden kann, was durch Abdeckungen mit integrierter Beleuchtung relativ häufig der Fall ist, genügt es, die Pyramide neben das Becken zu stellen. Der Dünger für die Wasserpflanzen und das Fischfutter können zusätzlich aufgeladen werden.

Speisefische

Bei gehälterten Speisefischen, insbesondere Karpfen, tritt eine angenehme Geschmacksverbesserung und Vitalisierung ein, wenn mit der Pyramide aufgeladen wird. Das Wasserbecken sollte der Größe der Fische entsprechen, gut durchlüftet und mit Holzkohle gefiltert werden. Der durch Blaualgen verursachte Moosgeschmack der Fische kann dadurch erheblich vermindert werden.

Angeln

Einige Hersteller von Pyramiden empfehlen, das "Angelzeug" unter die Pyramide zu legen, um anschließend mehr Erfolg beim Fischfang zu haben.

Solche Angaben zeugen von wenig Sachverstand. Die meist aus eisenhaltigen Metallen hergestellten Haken oder Vorfächer lassen sich nicht aufladen, so daß der Einsatz der Pyramidenenergie am Gerät selbst nicht sinnvoll erscheint.

Dagegen können Köder oder Lockfutter über Nacht oder länger unter die Pyramide gelegt werden. Bei Versuchen erwiesen sich mit Pyramidenenergie behandelte Köder insgesamt als fängiger.

Mit aufgeladenem Mais konnte ich beispielsweise innerhalb

einer Woche 8 Karpfen, jeder über 10 Pfund (!), fangen.

Mais sollte zum Aufladen aus der Dose genommen und in einem mit Plastik-Haushaltsfolie verschlossenen Glas unter die Pyramide gestellt werden. Die Zugabe einer kleinen Prise Anis und einem Tütchen Vanillinzucker können, je nach Gewässer, zusätzliche Lockwirkung haben.

Sehr gute Ergebnisse lassen sich mit dem Maiszopf erzielen; zu den Körnern auf dem Haken werden noch fünf bis zehn Maiskörner auf das Vorfach aufgeschoben.

Kombinationen von Mais und Made oder Wurm sind ebenfalls sehr fängig, wobei die unterschiedlichsten Fischarten an den Haken gehen. Sogar große Hechte von 30 Pfund wurden mit Mais gefangen ("Blinker" Ausgabe/Juli 87).

Warum Mais als Universalköder so wenig in der einschlägigen Literatur erwähnt wird, liegt wahrscheinlich daran, daß damit weniger zu verdient werden kann, als mit "Spezialfuttergeheimrezepten".

Billigmais zum Anfüttern, und etwas festerer Mais zum Anködern ist meiner Meinung nach die preiswerteste und fängigste Kombination auf fast alle Friedfischarten in unseren Gewässern.

Mindestens ebensowichtig wie die Wahl des Geräts und der Köder ist die persönliche Einstellung. Ruhe und Ausgeglichenheit, Eigenschaften, die sich entwickeln, wenn man sich selbst längere Zeit mit der Pyramidenenergie beschäftigt, bringen auch beim Angeln gute Erfolge. Zudem sollte Angeln mehr meditative Ruhe und Entspannung, als Jagd nach "Kapitalen" sein.

Blumenzucht

Viele Leute, die Blumen züchten, berichten von guten Erfolgen, die durch Pyramidenkraft bewirkt wurden. Am einfachsten ist es, Pyramiden zwischen die Pflanzen zu stellen oder das Gießwasser aufzuladen.

Hierzu ein Rezept: Leitungs- oder Regenwasser wird mit der üblichen Menge Dünger vermischt. Als Dünger können die handelsüblichen Mineraldünger oder Guano verwendet werden. Saures Regenwasser wird durch Zugabe von ein paar Eierschalen neutralisiert. Fein pulverisierte Holzkohle - käuflich in jeder Apotheke - unter das Wasser gemischt, hilft, die Pyramidenenergie besser auf das Wasser zu übertragen.

Das Wasser-Dünger Gemisch wird einige Tage unter der Pyramide aufgeladen und anschließend zum Gießen verwendet. Natürlich kann die Aufladungszeit auch auf ein oder zwei Wochen ausgedehnt werden; der Effekt wird dann entsprechend stärker sein.

Samen, Ableger, Schößlinge

Samen legen Sie, in einer Papiertüte verpackt, unter die Pyramide. Bei Bedarf säen Sie dann aus. Das Ankeimen kann ebenfalls unter der Pyramide erfolgen, wenn die Samen auf eine entsprechend feuchte Unterlage gelegt werden (Erde, Torf, etc.). Übrigens konnten über 2000 Jahre alte Getreidekörner, die in den ägyptischen Pyramiden gefunden wurden, wieder zum Keimen gebracht werden. Dies spricht eindeutig für die phantastischen Möglichkeiten, die die Pyramidenkraft bietet.

Überraschung bei Barbarazweigen! Die Zweige über der Pyramide behielten ihre Blüten und setzten sogar Blättchen an, während die anderen Zweige verkümmerten.

Ableger oder junge Pflanzen bereiten oft Probleme. Da diese Pflanzen bereits Licht benötigen, können sie nicht mehr unter eine Pyramide aus Kupfer oder Karton gestellt werden. Hier bietet sich die Möglichkeit an, eine Pyramide aus Acrylglas (durchsichtiges Plastik) zu benützen.

Kranke Pflanzen

Zunächst muß die Ursache bzw. die Krankheit festgestellt werden. Bei einem Befall durch Schädlinge müssen diese zuerst vernichtet werden. In vielen Fällen ist eine Brühe aus Brennesseln ausreichend. Wenn nötig, können auch chemische Schädlingsvernichter, bei entsprechender Vorsicht, eingesetzt werden.

Am besten ist es natürlich, die Pflanzen von vornherein mit Pyramidenenergie so zu kräftigen, daß sie genügend Widerstandskraft gegen Schädlinge und Krankheiten entwickeln.

Vermeiden Sie den Hauptfehler vieler Blumenfreunde: übermäßiges Gießen. Gerade das aufgeladene, energiereiche Pyramidenwasser verleitet dazu. Man möchte seinen Pflanzen etwas Gutes tun und vergißt, daß Wurzelballen, die ständig naß sind, abfaulen.

Bei Pflanzen ist die Pyramidenenergie eine der idealsten und erfolgbringendsten Anwendungsformen. Wer diese Energie zuerst einmal testen möchte, sollte dies mit Pflanzen tun; die Ergebnisse werden überzeugend sein.

Schnittblumen

Die Haltbarkeit von Schnittblumen läßt sich durch aufgeladenes Wasser, dem eine Spur Dünger zugefügt wurde, ebenfalls deutlich verlängern. Leider haben manche Schnittblumen bereits einen langen Weg hinter sich (Südfrankreich, Holland,

Spanien, Marokko etc.) und wurden unterkühlt, um sie "frisch" an den Käufer zu bringen.

Zuhause merkt man, daß diese "Frische" nur von kurzer Dauer ist. Die im Geschäft wunderschönen Rosen lassen bereits nach wenigen Stunden traurig die Köpfe hängen. Da in diesem Fall die Struktur der Pflanze bereits irreversibel geschädigt ist, die Pflanze also "energetisch" tot ist, kann natürlich auch mit Pyramidenenergie kurzfristig nichts mehr geändert werden.

Die Natur der Pyramidenenergie "slow energie" erfordert längere Anwendungszeiten, also eine Mindesteinwirkdauer von mehreren Stunden.

Über einen schnell verwelkten Blumenstrauß sollte man sich dennoch nicht ärgern; mit Hilfe der Pyramiden lassen sich die Blumen ausgezeichnet trocknen. Mit etwas Haarspray fixiert, kann einem dann der Blumenstrauß noch jahrelang Freude bereiten.

Weihnachtsbäume

Trotz des Waldsterbens kann auch weiterhin zu Weihnachten ein Baum gekauft werden; Anpflanzungen bzw. Jungholz müssen regelmäßig gelichtet werden, um einen gesunden Waldbestand zu sichern. Meist werden auch bereits geschädigte Bäume als Weihnachtsbäume verkauft.

Ihren Weihnachtsbaum können sie ebenfalls mit leicht gedüngtem Pyramidenwasser länger frischhalten und ein "Nadeln" verhindern.

Waldsterben

Über die großflächige Anwendung von Pyramidenenergie, bzw. aufgeladenem Dünger oder aktiviertem Wasser ist bisher wenig bekannt. Wer jedoch seine eigenen Obstbäume oder Sträucher im Garten schützen möchte, sollte sie nach den im Kapitel >> Blumenzucht << beschriebenen Methoden behandeln.

Gesundheit und Vitalität

Bedauerlicherweise lassen die Gesetze in der BRD wenig Raum für alternative Heilweisen oder Heiler. Obwohl den Herstellern von Pyramiden zahlreiche Dankschreiben vorliegen, darf die Pyramide nicht als Heilmittel angeboten werden. Ausdrücklich sei deshalb darauf hingewiesen : Wer mit Pyramidenkraft eine Krankheit behandeln möchte, sollte sich vorher bei einem Arzt oder Heilpraktiker entsprechende Auskünfte einholen.

Die Illustrierte "Bunte" berichtet in der Serie "Die Gesundmacher" über einen Frauenarzt, der mit Hilfe von Pyramiden Krankheiten behandelt.
(Dr. Franz Becker - München / Giesing)

Im Familienmagazin "Bild und Funk" wurde die Heilpraktikerin Friedl Vollmering vorgestellt, die ebenfalls verschiedene Beschwerden und Krankheiten mit Pyramidenenergie behandelt.
(Friedl Vollmering - Erding bei München)

Zwei Beispiele für Heilkundige, die sich dieser universellen Kraft zum Wohle der Patienten bedienen.

Adressen von Heilkundigen, die mit Pyramidenenergie behandeln, erhalten Sie von Ärztekammern bzw. Heilpraktikervereinigungen.

Aufgrund der Ergebnisse bei Tieren und Pflanzen ist es naheliegend, diese Energie auch für den Menschen zu nützen. Bei der Gesundheit, dem höchsten Gut des Menschen, ist jedoch eine gewisse Zurückhaltung angebracht; da noch nicht das gesamte Wirkungsspektrum der Pyramide erforscht ist.

Insgesamt hat die Pyramide deutlich positive Wirkung und kann zur allgemeinen Vitalisierung des Menschen eingesetzt werden. Über den Einsatz der Pyramide bei Erkrankungen sollte man jedoch einen Heilkundigen entscheiden lassen.

Verbesserung des Allgemeinbefindens

Wenn man sich leer und abgespannt fühlt, kann man in der Nähe einer Pyramide wieder zu Kräften kommen. Läßt man die Pyramidenkraft monatelang auf sich einwirken, indem man z.B. eine Pyramide auf das Nachtkästchen stellt, so bemerkt man eine Verbesserung der allgemeinen gesundheitlichen Situation.

Es ist, als würde die Pyramide langfristig Körper und Geist positiv beeinflussen.

Schlaf

Stellen Sie die Pyramide unter Ihr Bett. Bei Versuchspersonen zeigte sich, daß sie nicht nur tiefer schliefen, sondern die Hälfte schnarchte auch nicht mehr. Viele Pyramiden-Benutzer berichten, daß die Traumtätigkeit positiv beeinflußt wurde.

Allerdings war bei manchen Personen die energetische Aufladung durch die Pyramiden so stark, daß sie nur noch sehr kurz schliefen bzw. Einschlafstörungen hatten. Im Zweifelsfall nimmt man die Pyramide wieder aus dem Schlafzimmer.

Wetterumschwung

Wenn ein Wetterumschwung droht, stellen Sie ebenfalls beim Schlafen die Pyramide unter das Bett. Der Umschwung wird meist viel leichter überwunden und das Allgemeinbefinden gesteigert.

Bei Föhnempfindlichkeit können unterschiedliche Symtome auftreten; "Kribbligkeitsgefühl" wird durch die Pyramide eher verstärkt, während allgemeine Müdigkeit oder Unlust durch Pyramidenenergie leichter zu überwinden sind. Wenn es möglich ist, kann man die Pyramide auch am Arbeitsplatz aufstellen; die Wirkung ist dann ähnlich wie bei Luftionisationsgeräten.

Umschläge

Umschläge verschiedener Art können sehr gut mit "aufgeladenem" Wasser vorgenommen werden. Ein gefülltes Gefäß aus Glas oder Porzellan einfach ein bis zwei Tage unter die Pyramide stellen und anschließend damit die Tücher befeuchten.

Müde Augen

Laden Sie über Nacht Wasser in der Pyramide auf und tupfen Sie morgens Ihre Augen damit ab. Karottensaft, ebenfalls in der Pyramide aufgeladen, verstärkt die Wirkung.

Autofahrten

Bei längeren Autofahrten kann die Kraft der Pyramide ebenfalls genützt werden, wenn Decken oder Kissen vorher mindestens zwei Tage lang unter einer Pyramide aufgeladen wurden und dann als Sitzunterlage oder Rückenpolster verwendet werden.

Im Auto selbst kann die Pyramide nicht verwendet werden, da ja während der Fahrt keine Nord-Süd Ausrichtung möglich ist.

Zur Abschirmung gegen Erdstrahlen im Auto - unfallträchtige Reizstreifen und Kreuzungen - kann jedoch eine regenerierte Kupferplatte verwendet werden.

Hierzu wird die Kupferplatte mindestens zwei Tage unter die Pyramide gelegt und anschließend in ein Baumwolltuch gewickelt. Die aufgeladene Platte wird dann in der Nähe des Fahrers befestigt oder in der Mittelkonsole abgelegt.

(Diese Anwendungsmöglichkeit enthält sehr viele Unsicherheitsfaktoren; ob tatsächlich die gewünschte Wirkung immer eintritt, ist fraglich. Besser ist es vermutlich, ausgeruht und mit Pyramidenenergie "aufgetankt" zu fahren.)

Farbtherapie

Wenn Pyramiden mit Farben versehen werden, ergeben sich besondere Anwendungsmöglichkeiten; die Kraft der Pyramide wird modifiziert.

> Rot zum Aufladen bei Energieverlust und zur Steigerung der Tatkraft. Rote Pyramiden haben die größte Durchdringungsfähigkeit und Wirkungstiefe.

> Gelb stärkt die Nerven, wirkt aufmunternd, heiter und behaglich.

> Grün bringt Ruhe, Zufriedenheit und inneren Frieden, wirkt beruhigend und entspannend.

> Blau gibt ebenfalls Ruhe und Entspannung und soll sich bei Heilungsprozessen günstig auswirken.

> Versilberte Pyramiden fördern gedankliche Klarheit, Konzentrations- und Merkfähigkeit.

Medikamente

Medikamente grundsätzlich nicht unter die Pyramide legen !
Über die Auswirkung der Pyramidenkraft auf Medikamente kann nur spekuliert werden; eine ausreichende Anzahl von Untersuchungen wurde noch nicht gemacht.

Es sind allerdings bisher keine Vergiftungen oder Schädigungen durch aufgeladene Arzneimittel bekanntgeworden.

Bei homöopathischen Mitteln wurden positive Effekte beobachtet; sprechen Sie aber dennoch mit Ihrem Heilpraktiker oder Arzt über eine eventuelle Aufladung dieser Medikamente unter der Pyramide.

Vitamin- oder Mineralpräparate, Heilkräuter und Tees können dagegen ohne weiteres aufgeladen werden. Meist tritt eine Verbesserung der Wirkung ein.

Sexualität

Die allgemeine Vitalisierung wirkt sich natürlich auch im sexuellen Bereich aus. Eine Pyramide im Schlafzimmer kann durchaus zu größerer sexueller Aktivität führen. Die Wirkung ist aber, im Gegensatz zu Aphrodisiaka, besser zu steuern. Der Wille des betreffenden Menschen entscheidet, nicht plötzliche "triebhafte Anfälle", die bei empfindsamen Partnern eher Abneigung denn Leidenschaft erzeugen.

Sexualität ist eine der ursächlichen Kräfte des Menschen. Die Einstellung dazu und die daraus resultierenden Aktivitäten haben eine direkte Rückwirkung auf das persönliche Wohlbefinden.

Viele Krankheiten sind auf ein gestörtes (neurotisches) Verhältnis zur Sexualität zurückzuführen.

Unter der Einwirkung der Pyramidenkraft läßt sich eine natürliche und erfüllendere Einstellung zur Sexualität finden, wodurch letztendlich auch eine bessere Harmonie zwischen Körper und Geist entsteht.

Umweltverschmutzung

"Die Gefahren der Luftverschmutzung in den Industriegebieten sind nicht größer als das Rauchen von 10 Zigaretten.

Trinkwasser enthält in der Bundesrepublik wenig Giftstoffe. Wenn überhaupt eine Schädigung erfolgt, so entspricht sie einer Größenordnung von drei bis vier Zigaretten.

Die Konzentration von Insektiziden in unseren Nahrungsmitteln wird ständig kontrolliert. Es sind kaum Schädigungen zu befürchten. Wenn Sie 5 Zigaretten rauchen, bedeutet dies eine höhere Belastung Ihrer Gesundheit."

Und so weiter und so weiter...

Tschernobyl oder Chemieunfälle beiseite gelassen, kommt der Normalbürger in den Genuß von Schadstoffen, die mindestens 20 Zigaretten pro Tag entsprechen, ohne daß er überhaupt Zigarettenrauch eingeatmet hat!

Ein hoher Preis, den wir für Industrialisierung und Vollbeschäftigung zahlen. Darüber nachzudenken, wenn man auf der Krebsstation eines Krankenhauses liegt, ist reichlich spät.

Gesundheit ist nicht alles, aber ohne Gesundheit ist alles nichts !

Wie bereits beschrieben, kann man den gesundheitlichen Gefahren durch vernünftige Ernährung, und in einigen Bereichen mit Hilfe der Pyramide entgegensteuern.

Ein weiteres großes Problem ist die Verunreinigung der Luft. In den Großstädten oder Industrierevieren müßte die Luft genaugenommen verschreibungspflichtig sein; ihre Giftstoffe sind schädlicher als so manches als gefährlich eingestufte Medikament.

Die Luft von Schadstoffen zu reinigen, ist nicht einfach: Das alleinige Aufstellen von Pyramiden hat hier relativ wenig Wirkung. Ebenso sind Zimmerpflanzen, selbst wenn sie sehr zahlreich sind, dazu nicht ausreichend.

Luftreiniger

Damit man wenigstens in der eigenen Wohnung schadstoffarme Luft atmen kann, sei die Anwendung von Luftreinigern empfohlen.

Luftbefeuchter in Kombination mit Filtern haben eine recht gute Wirksamkeit und sorgen für ein angenehmes Raumklima. Gleichzeitig wird die Luft durch das rieselnde Wasser mit negativen Ionen aufgeladen, die für Wohlbefinden und Gesundheit sehr wichtig sind (Wasserfalleffekt).

Die gesäuberte, mit Negativionen geladene Luft wirkt sich auch auf die Psyche günstig aus; Spannkraft und geistige Leistungfähigkeit sind deutlich verbessert. In Kombination mit der Pyramide wird so eine optimale Voraussetzung geschaffen für konzentriertes Nachdenken, Tiefenentspannung, parapsychologische Übungen, Hellsehen, Pendeln etc.

Die im Handel befindlichen Geräte können gut kombiniert werden, zum Beispiel Luftbefeuchter und Luftreiniger mit Holzkohlefilter.

Die Feuchtigkeit durch den Luftreiniger sollte kontrolliert werden, da es in Ausnahmefällen zu Schäden - Schimmelbildung hinter Schränken oder an kalten Außenwänden - kommen kann.

Elektrostatische Filter sind aufgrund der nötigen Hochspannung weniger geeignet, sie wirken eher negativ auf die Pyramide.

Verbesserung des Raumklimas

Die Pyramidenkraft kann durch die Verwendung eines "Mediums" gleichmäßig auf einen Raum oder eine Wohnung übertragen werden. Dadurch lassen sich Pyramiden einsparen und die positive Wirkung ist auch in Wohnungsbereichen vorhanden, in denen keine Pyramiden aufgestellt werden können.

Um diese Verteilung zu erreichen, ist ein kleiner Trick nötig: die Pyramide wird auf kleine Klötzchen (z.B. Legobausteine) gestellt. Dadurch wird eine bessere Zirkulation der Luft erreicht. Stellt man eine Schale Wasser unter die Pyramide, wird dieses Wasser aufgeladen; es verdunstet und verteilt sich relativ gleichmäßig über den ganzen Raum. Im Wasser kann Kochsalz aufgelöst werden, oder man mischt es mit Auszügen aus Heilpflanzen (Kamille, Melisse etc.). Die allgemeine Wirkung dieses Systems ist wesentlich besser, als das alleinige Aufstellen der Pyramiden.

Radioaktivität

Durch die Verwendung von strahlenden Stoffen in der Medizin - auch die Bestrahlung von Lebensmitteln ist geplant bzw. wird in einigen europäischen Ländern bereits durchgeführt - vor allem aber durch Kernkraftwerke und atomare Waffensysteme wird es immer wieder zu radioaktiver Verseuchung kommen.

Tschernobyl war keinesfalls Anfang und Ende einer der verrücktesten Unternehmungen der Menschheit. Seit der Atombombenexplosion über Hiroshima schwebt das Damoklesschwert "Atom" über unseren Häuptern.

Eine direkte Minderung radioaktiver Strahlung durch die Pyramidenenergie konnte bisher nicht nachgewiesen werden. Radioaktive Lebensmittel lassen sich also leider unter der Pyramide nicht "entseuchen".

Die Pyramide kräftigt jedoch den Organismus, so daß er gegenüber der Strahlenwirkung allgemein etwas widerstandsfähiger ist. Am besten ist es natürlich, wenn die Belastung mit Radioaktivität möglichst gering ist. Es gibt keine unbedenklichen Strahlenwerte; selbst von der kleinsten Dosis an besteht die Gefahr der Schädigung.

Medikamente gegen radioaktive Strahlung

Arzneimittel können nur in bescheidenem Umfang zur Verhinderung von Strahlenschäden eingesetzt werden. Sind die strahlenden Stoffe bekannt, wie etwa Strontium und Cäsium in der Milch, so kann eventuell durch ein Überangebot an anderen Mineralstoffen (Kalzium, Eisen etc.) die Aufnahme vermindert werden (Verdünnungseffekt).

Der Aufnahme von radioaktivem Jod aus der Luft kann durch Einnahme von Jodtabletten entgegengesteuert werden.

Allerdings ist die Einnahme nicht ganz ohne Risiko (Allergien, Kreislaufbeschwerden etc.). Die Verwendung von Jodtabletten ist deshalb erst bei sehr hohen Anteilen strahlenden Jods in der Luft angezeigt.

Die durch Strahlen im Körper entstehenden Radikale (= reaktionsfreudige chemische Stoffe) können teilweise von bestimmten Substanzen (Vitamin C, Vitamin E, Selenpräparate) eingefangen und neutralisiert werden.

Radioaktivität rechtzeitig erkennen !

Bei Verseuchungen in kleinem oder mittlerem Ausmaß, wie etwa Tschernobyl, ist ein Geigerzähler sehr von Nutzen. Mit ihm kann eine Strahlenquelle lokalisiert oder auch der Verseuchungsgrad von Nahrungsmitteln gemessen werden.

Bereits vor Jahren wurde von mir intuitiv ein atomarer Störfall vorhergesehen und der Kauf von Strahlenmeßgeräten empfohlen. Zu dieser Zeit versicherten Wissenschaftler noch, daß sich ein Supergau höchstens einmal in zehntausend Jahren ereignen kann. Nun, die zehntausend Jahre waren schnell vorbei, und die Wissenschaft hatte eine zweite Titanic.

In diesem Sinne wurde auch die Bevölkerung in den ersten Tagen nach der "Havarie" des sowjetischen Reaktors falsch oder gar nicht informiert. Nur wer selbst einen Geigerzähler hatte, konnte messen, welche Strahlenwerte uns der Ostwind bescherte.

Der Aufenthalt im Freien, es war das erste sonnige Wochenende des damaligen Sommers, war jedenfalls nicht so harmlos, wie es in den Medien dargestellt wurde. Auch die Verseuchung verschiedener Gemüsesorten, der Milch und anderer Nahrungsmittel war nicht "völlig unbedenklich".

Die Strahlung radioaktiver Spaltprodukte in Lebensmitteln konnte selbst mit einfachen Geigerzählern noch Anfang 1987 mühelos nachgewiesen werden !

Man bemühte sich, offensichtlich mit Erfolg, einfache Geigerzähler als wertlos hinzustellen. "Strahlung, wenns piept?" und ähnliche Überschriften in den Zeitungen, zusätzlich zu einer verwirrenden Anzahl von Maßeinheiten (Bequerel, rem, rad, Sv, Curie etc.), erzeugten die gewünschte Desinformation bei der Bevölkerung.

Entschädigungen für Gemüsebauern und Landwirte sowie allgemeine Beschwichtigungen sorgten zusätzlich dafür, daß Tschernobyl fast wieder vergessen ist.

Wer sich dennoch einen Geigerzähler kaufen möchte, dem sei versichert: auch die einfachen Geräte für ca. DM 500.- reichen für den Laien aus, um feststellen zu können, ob ein Lebensmittel radioaktiv verseucht ist. Auch Werte erhöhter Radioaktivität in Wohnungen, wie sie durch Baustoffe verursacht werden, sind damit meßbar.

Kann man Radioaktivität spüren ?

Der Mensch kann angeblich keine radioaktive Strahlung spüren. Ob dies für sensitive oder parapsychologisch begabte Menschen in vollem Umfang zutrifft, darf allerdings bezweifelt werden.

Berichte von Klienten und eigene Erfahrungen deuten eher dahin, daß sich Strahlung in Form von Wärmegefühl, Beunruhigung, manchmal sogar als unerklärliche Panik, auswirkt. Auch in Träumen oder Visionen können sich Gefahren, die von radioaktiver Verseuchung ausgehen, widerspiegeln.

Vorhersagen über einen atomaren Zwischenfall oder auch das Spüren vorhandener Strahlung sind als parapsychologische Phänomene einzuordnen. Genaue Angaben, wie sie von einem Meßgerät gemacht werden können, sind auf diese Weise natürlich nicht zu erhalten.

Die zerstörende, Chaos erzeugende Kraft radioaktiver Stoffe steht der Pyramidenenergie >> Kraft der Ordnung << sowie esoterisch-parapsychologischen Kräften gegenüber. Es wäre allein schon aus diesem Grund besser, endgültig auf die Verwendung atomarer Energien zu verzichten.

Elektromagnetische Umweltverschmutzung

Ein Thema, das in der Öffentlichkeit wenig diskutiert wird, sind die Probleme, die sich aus der vielfältigen Anwendung des elektrischen Stroms ergeben. Menschen, die in der Nähe von Hochspannungsleitungen oder Transformatorenstationen wohnen, klagen über Nervosität und Herz- Kreislaufbeschwerden. Die überall stehenden Fernseh- und Radiosender, die Radar- und Funkantennen verseuchen den "Äther", überfüllen ihn mit negativen Schwingungen.

Natürliche Energien, wie sie vom Magnetfeld der Erde ausgehen, werden gestört oder in der Wirkung beeinträchtigt.

Die elektromagnetische Umweltverschmutzung bringt unsere Biosysteme durcheinander. Wir bezahlen mit Konzentrationsstörungen, Kopfschmerzen, allgemeinem Müdigkeitsgefühl, vielleicht sogar mit einer größeren Zahl von Krebserkrankungen für diese recht fragwürdigen Segnungen der Technik.

Gerichtsverfahren, mit denen sich Anwohner gegen den Bau von Hochspannungsleitungen, Radarstationen oder ähnliche Einrichtungen wehren wollen, verlaufen regelmäßig im Sande.

Die Sensibilität gegenüber elektromagnetischen Schwingungen wird von Gutachtern gern in den Bereich des Psychischen abgeschoben. Da sich aber in Wäldern entlang der "Strahlenbahnen" regelrechte Schneisen abgestorbener Bäume bilden, kann diese Ansicht nicht ganz richtig sein; oder sollten die dort stehenden Tannenbäume ebenfalls "Neurotiker" sein?

Noch deutlicher ist die Wirkung starker Radargeräte, wie sie vor allem im militärischen Bereich Verwendung finden: Vögel, die zufällig durch den Radarstrahl fliegen, werden regelrecht gebraten.

Unter der Überschrift "Karelien - Land der Tausend Herzinfarkte" war in einer medizinischen Fachzeitschrift über eine unglaublich hohe Zahl schwerster Herzerkrankungen in Finnland berichtet worden. Als Auslöser wurde vor allem die große Zahl russischer Antennenanlagen im finnisch-russischen Grenzgebiet diskutiert!

Wer auf elektromagnetische Schwingungen empfindlich reagiert, muß wohl oder übel versuchen, aus dem intensiven Strahlungsbereich herauszukommen. In extremen Fällen wird nur ein Umzug helfen.

Eine gewisse Abschirmwirkung haben metallbedampfte Scheiben, die bei Hochhäusern als Sicht- und Sonnenschutz verwendet werden.

Fensterläden aus Eisen, wie sie in der amerikanischen Botschaft in Moskau zum Schutz gegen die Mikrowellen erzeugenden Abhörgeräte des russischen Geheimdienstes angebracht wurden, würden in deutschen Landen die Nachbarn doch etwas argwöhnisch machen.

Das Anbringen von massiven Eisen- oder Kupferplatten innerhalb der Wohnräume ist ebenfalls mit Schwierigkeiten verbunden und garantiert zudem nicht, daß alle negativen Schwingungen absorbiert werden.

Entstrahlungsgeräte werden für solche Fälle zwar angeboten, helfen aber wenig. Auch die Pyramide kann ein Haus, das unter einer Hochspannungsleitung steht, nicht "entstrahlen"; eine wirkliche Abhilfe schafft, wie bereits erwähnt, nur ein entsprechend großer Abstand zum Erzeuger der negativen Schwingungen.

Bei mittleren Belastungen kann mit Kupferfolie recht gut abgeschirmt werden. Hierzu wird an der Wand in Richtung der Strahlungsquelle eine geerdete Kupferfolie angebracht. Zusätzlich werden dann, im Abstand von wenigen Zentimetern, an der Folie Pyramiden aufgestellt. Manchmal genügt auch schon das alleinige Aufstellen der Pyramiden, um den Raum auf eine günstigere Schwingungsebene zu bringen.

Fernsehentstrahlung

Die Bildschirme der Computer sind ebenfalls Strahlungsquellen. Augenschädigungen bei Personen, die aus beruflichen Gründen ständig vor dem Bildschirm sitzen, wurden bereits festgestellt. In einigen Ländern dürfen Schwangere nur noch eine begrenzte Zeit vor dem Computer arbeiten, um eine Schädigung des Ungeborenen durch die Strahlung zu vermeiden.

Bei Computerbildschirmen wird versucht, durch stärkeres Glas bei den Bildröhren die Beta-Strahlung zu reduzieren. Die Augenbelastung kann durch farbige Bildschirme und durch Filter abgeschwächt werden.

Wesentlich größer und damit strahlungsintensiver sind die üblichen Farbfernsehgeräte, wie sie in unseren Wohnzimmern stehen. Die Strahlungswirkung wird vor allem von der "Einwirkzeit" und dem Abstand zum Gerät bestimmt. Bei größeren Geräten sollte ein Mindestabstand von drei Metern eingehalten werden.

Eine Auswahl der Sendungen und damit eine Einschränkung der Fernsehzeiten ist zudem empfehlenswert.

Wird eine Pyramide in der Nähe des Bildschirms aufgestellt, so erfolgt eine Neutralisation der negativen, vom Bildschirm ausgehenden Aufladung der Umgebung. Dieser Effekt wird von zahlreichen Rutengängern bestätigt.

Allerdings kann diese Pyramide dann nicht mehr für andere Experimente verwendet werden, sie ist mit der Absorption schädlicher Schwingungen vollauf "beschäftigt". Es empfiehlt sich, die Pyramide regelmäßig unter fließendem Wasser abzuspülen. Zur Fernsehentstrahlung eignen sich am besten kleine Kupferpyramiden mit einer Basislänge zwischen 6 und 10cm.

Die vom Bildschirm erzeugte Beta - Strahlung kann durch die Pyramide nicht wesentlich abgeschwächt werden; hier hilft nur ein entsprechender Abstand vom Fernsehgerät.

Sehr starke Strahlungsquellen im Haushalt sind Mikrowellenherde; die gesetzlichen Vorschriften sind dementsprechend eng gefaßt, und es ist bisher kaum zu Unfällen gekommen.

Dennoch: eine amerikanische Hausfrau, offensichtlich in Unkenntnis der Strahlenwirkung, versuchte ihren Pudel im Mikrowellenherd zu trocknen. Das Tier starb innerhalb weniger Minuten an der Strahlenwirkung!

Erdstrahlen - Biostörzonen

Erdstrahlen können erhebliche gesundheitliche Probleme bewirken, man versucht deshalb, diese Störzonen ausfindig zu machen und zu meiden. Für Erdstrahlen besonders sensibilisierte Menschen (Rutengänger) können relativ schnell ungünstige Energiefelder spüren und ihre Intensität feststellen. Bei Mutungen mit Wünschelrute oder Pendel lassen sich regelrechte Strahlungskarten erstellen, die Wasseradern, Erzgänge oder tektonische Verwerfungen anzeigen.

Mit der Wünschelrute wird erfolgreich nach Wasser und Bodenschätzen gesucht. Die Aussage von Rutengängern wird beim Hausbau berücksichtigt; ja sogar über Mutung und Entstrahlung bei besonders unfallträchtigen Autobahnabschnitten wird berichtet.

Zweifellos müssen Erdstrahlen ernstgenommen werden; wenn sie besonders negative Auswirkungen befürchten lassen, muß für Abhilfe gesorgt werden.

In der Praxis wird man sich an einen Rutengänger wenden und Haus und Garten auf Erdstrahlen untersuchen (muten) lassen.

Beeindruckt vom virtuosen Spiel der Wünschelrute in den Händen des Rutengängers und erstaunt über die Zahl unbekannter Wasserläufe, Reizstreifen, gefährlicher Kreuzungen etc. auf seinem Grundstück darf der Laie froh sein, daß er dieses totale Strahlenchaos überlebt hat.

Freudig wird er es dann begrüßen, wenn ihm der Rutengänger eines seiner selbstentwickelten Entstrahlungsgeräte anbietet.

Der Parapsychologischen Forschungsgesellschaft Augsburg e.V. wurden etliche dieser Entstrahlungsgeräte (Preis: DM 200,- bis DM 800,- !) von enttäuschten Besitzern überlassen.

Der Inhalt war erstaunlich: elektronische Billigbauteile, Nägel und Spiralen aus Eisendraht im Gesamtwert von höchstens 20 DM pro Kasten. Ein "besonders wirksamer" Apparat bestand aus einer Zigarrenkiste, die mit Sägemehl (!) gefüllt war.

In der Literatur über Radiästhesie finden sich ebenfalls recht seltsam anmutende Entstrahlungsmethoden. Nicht selten werden mit Draht umwickelte Holzpflöcke zur "Akupunktur" des Geländes empfohlen. Recht amüsant dürfte in der Praxis die Anwendung blauer Farbe sein; es wird von manchen Rutengängern allen Ernstes empfohlen, Reizstreifen oder andere ungünstige Punkte mit Farbe zu besprühen.

Es ist leider häufig so, daß die Angst vor Erdstrahlen zu recht seltsamen Geschäften benützt wird.

Die Zahl der grauen Schafe im Bereich der Radiästhesie ist groß, und es ist schwierig, einen wirklich guten Rutengänger zu finden.

Wenn Sie sich für eine Mutung entscheiden, fragen Sie vorher nach dem Preis. Werden Ihnen zusätzlich Entstrahlungsgeräte angeboten, so kaufen Sie nicht sofort. Ein paar Tage später sieht man vielleicht das Problem wieder etwas anders. Bei besonders teuren Apparaten, von denen meist auch noch mehrere aufgestellt werden müssen, können Sie einen "Probebetrieb" vorschlagen. Ist der Hersteller von seiner Ware überzeugt, wird er sicher zustimmen.

Außerdem, und dies wird gern verschwiegen, verändert sich die Lage von Reizstreifen oder Kreuzungen.

Unterirdische Wasserläufe können versiegen oder ihre Richtung ändern, der Grundwasserspiegel schwankt ständig und technische Einrichtungen zeigen oft erhebliche Auswirkungen auf das Erdstrahlenfeld. Es spielt zum Beispiel für die darüberliegenden Wohnungen durchaus eine Rolle, ob ein Öltank im Keller leer oder gefüllt ist.

Erdstrahlen sollten jedoch insgesamt nicht überbewertet werden; nicht jeder Migräneanfall oder jede Schlafstörung ist eine Folge negativ wirkender Strahlung.

Gefährliche Störungen im Strahlungsmuster, die tatsächlich

sehr ernsthafte Erkrankungen auslösen können, sind recht selten. Solch ungünstig bestrahlte Räume werden auch vom Durchschnittsbürger als unangenehm empfunden, wenn er sich längere Zeit darin aufhält.

Bei der Einrichtung einer Wohnung sollte man sich deshalb Zeit nehmen. Es ist gar nicht verkehrt, zuerst in den verschiedenen Räumen "Probe" zu schlafen.

Ungünstige Strahlungsverhältnisse drücken sich sehr schnell in Schlafstörungen, Unruhegefühl oder anderen körperlichen Symptomen aus.

Auch rein psychische Empfindungen wie Platzangst oder "aus dem Zimmer gedrängt werden" können auftreten.

Hat man einen geeigneten Schlafraum gefunden oder ist von vornherein auf einen bestimmten Raum festgelegt, so verrutscht man das Bett so lange, bis das Gefühl entsteht, "gut zu schlafen".

Aus praktischen Erwägungen heraus sollte nicht auf diese etwas aufwendige Methode verzichtet werden; sie ist immer noch die beste Möglichkeit, die Einwirkung gesundheitsschädigender Erdstrahlung auf Dauer zu vermeiden.

Schläft man schon längere Zeit an einer bestimmten Stelle und stellen sich unklare Krankheitssymptome ein, oder es entsteht schlicht und einfach das Gefühl, daß etwas nicht stimmt, so kann bereits das Verrücken des Bettes Abhilfe schaffen.

Auf elektrische Einrichtungen im Schlafzimmer nach Möglichkeit verzichten!

Elektrische Wecker erzeugen recht unangenehme Felder, da ein ständig schwingender Magnet als Antrieb dient. Das Aufstellen von Radio und Fernsehgerät ist ebenfalls zu vermeiden.

Das Telefon ist weniger schwingungsintensiv und kann, vor allem im Krankheitsfall, durchaus neben dem Bett stehen.

Auf den gesamten elektrischen Schnickschnack kann man normalerweise verzichten; bis auf die Nachttischlampe.

Dieses Problem wird einfach dadurch gelöst, daß eine Taschenlampe am Bett bereitliegt. Zum einen ist das Licht sanfter und man stört seine Ehefrau bzw. seinen Ehemann weniger, wenn man in der Nacht aufstehen muß; zum andern hat man immer ein Licht zur Hand, wenn es einen Stromausfall gibt.

Pyramiden zur Abschirmung

Negativ wirkende Erdstrahlung läßt sich, wenn nicht gerade extreme Strahlungsverhältnisse herrschen, durch das Aufstellen von Pyramiden neutralisieren.

Wer unter Erdstrahlen, Wasseradern, Störzonen etc. leidet, sollte dieses relativ einfache und nicht allzu teure Mittel in jedem Fall ausprobieren.

Der Entstrahlungseffekt der Pyramiden wird von vielen Rutengängern bestätigt und Pyramiden dementsprechend auch empfohlen. Insbesondere der Einsatz von Kupferpyramiden hat schon sehr vielen Menschen geholfen.

Die Pyramiden sollten hauptsächlich in den Zimmern aufgestellt werden, in denen man schläft oder sich häufig aufhält. Eine Pyramide im Keller und auf dem Dachboden schaffen keinen "Schutzschirm" für das ganze Haus, wie manchmal fälschlicherweise behauptet wird.

Das Abschirmfeld der Pyramide besteht nur im Raum um die Pyramide und hat, je nach Pyramidengröße und Material, etwa 2 bis 4 Meter Durchmesser.

Elektrische Leitungen und Geräte verkleinern das Abschirmfeld. Große Gegenstände aus Eisen (Öfen) können die Wirkung der Pyramiden ebenfalls abschwächen. Hemmend wirken auch große Glasflächen, wobei besonders Spiegelschränke zu nennen sind.

Mit einer Pyramide von 15 cm Kantenlänge läßt sich bereits ein kleineres Schlafzimmer wirksam abschirmen. Bei größeren Räumen sollten nicht unbedingt größere Pyramiden verwendet werden; die bessere Wirkung läßt sich durch mehrere kleine, über den Raum verteilte Pyramiden erzielen.

Leider werden Pyramiden häufig unter das Bett gestellt, ohne daß dabei die hemmende Wirkung der im Bett verwendeten Metallteile berücksichtigt wird.

Gerade die Stahlspiralen (Federkerne) wirken der Pyramidenkraft entgegen und können sie neutralisieren.

Eine Pyramide unterm Bett ist nur dann sinnvoll, wenn keine größeren eisenhaltigen Materialien im Bettgestell oder in der Matratze enthalten sind.

Eisenlegierungen können sehr leicht mit einem Magneten erkannt werden; Eisen wird von Magneten angezogen.

Bei den nicht ganz billigen "Gesundheitsmatratzen" wird meist Roßhaar als Füllung verwendet, zusammen mit einem Lattenrost aus Holz eine ideale Kombination für gesundes Schlafen.

Nur unter diesem Bett kann die Pyramide durch die Matratze hindurch ihre positive Wirkung entfalten.

Ihre ungeminderte Wirkung entwickelt die Pyramide auch, wenn sie neben dem Bett aufgestellt wird. Eine Pyramide auf dem Nachttischchen und eine am Fußende des Bettes reichen im allgemeinen für eine wirksame Abschirmung völlig aus.

Herstellung von Amuletten

In Kombination mit der Pyramidenkraft können Amulette hergestellt werden, die dieselben Erfolge wie käufliche und meist sündhaft teure Exemplare aufweisen.
Wesentlich für die Wirkung ist das eigene Verhältnis zu okkult-parapsychologischen Vorgängen.

Esoterische Werkstoffe

Über die Materialien gibt es unterschiedliche Ansichten: Neben Gold und Silber sind Kupfer, Zinn, Stein (Edelsteine), Holz, Knochen, Wachs und Pergamentpapier zu empfehlen.
Einige Metalle werden bestimmten Planeten zugeordnet. Astrologische Amulette, die sich auf Planeten beziehen, werden deshalb gern aus dem zugehörigen Metall hergestellt:

Sonne - Gold
Mond - Silber
Merkur - Quecksilber
Venus - Kupfer
Mars - Eisen
Jupiter - Zinn
Saturn - Blei

Sieht man von Allergien ab, die gegen jedes Metall entwickelt werden können, so sind zumindest Quecksilber und Blei, selbst bei "äußerer Anwendung", giftig. In mittelalterlichen - alchemistischen Rezepturen wird gern das flüssige Quecksilber (Merkurius) beschrieben, und so mancher Alchemist hat seine Faszination für die silberglänzende Flüssigkeit mit einer chronischen Vergiftung bezahlt.
Das "saturnische" Blei ist weniger gefährlich, trotzdem sollte auch auf dessen Verarbeitung verzichtet werden. Das Tragen

von bleihaltigen Legierungen auf der Haut wäre in jedem Fall gesundheitsschädlich.

Einige der käuflichen Amulette sind galvanisch mit Überzügen aus Nickel versehen. Auch bei diesem Material ist der direkte Hautkontakt zu vermeiden. Nickelallergien sind sehr häufig; außerdem steht dieses Metall im Verdacht, Krebs zu erregen.

Bearbeitung

Je nach handwerklichem Geschick und technischen Möglichkeiten wählt man einen entsprechenden Werkstoff aus und bearbeitet ihn.

Zweifellos am einfachsten sind Amulette aus Pergament herzustellen. Pergamentpapier wird in der gewünschten Größe zurechtgeschnitten oder auch mit einer Kerze "geflammt", und das magische Zeichen wird mit Tusche aufgebracht.

Wachstäfelchen (Bienenwachs) kann in Bastelgeschäften gekauft werden, oder man läßt eine Kerze schmelzen und gießt das Wachs auf eine glatte Unterlage. In das Wachs können sehr leicht Zeichen eingeritzt oder eingeschmolzen werden. Füllt man die Vertiefungen mit einer Mischung aus pulverisierter Holzkohle und Leim, so hebt sich die Inschrift sehr deutlich vom Untergrund ab.

Edelsteine können nur von Fachleuten bearbeitet werden, selbst einfache Gravuren erfordern Spezialwerkzeug. Steinsplitter oder bereits bearbeitete Steine können jedoch in andere Materialien eingearbeitet oder aufgeklebt werden.

Die Bearbeitung von Kupfer ist relativ einfach, wenn die Rohform bereits vorhanden ist. Kupfer kann leicht graviert oder geätzt werden. Als Ätzmittel wird Eisen-III-Chlorid verwendet.

Der Umgang mit dieser Chemikalie erfordert etwas Übung. Sie kann in der Apotheke oder in Geschäften für Elektronikbastler (zum Platinenätzen) gekauft werden.

Mit betimmten Faserschreibern oder mit Lack kann das Kupfer - Amulett dauerhaft beschriftet werden. Mit farblosem Lack (Zaponlack), wird die Oxydation (Patinabildung) des Kupfers verhindert.

Kupferrohlinge in der Form von Amuletten sind in Bastelgeschäften (Zubehör zum Emailieren) erhältlich.

Die Bearbeitung von Gold und Silber ist ebenfalls wieder Fachleuten vorbehalten; in Fachgeschäften kann jedoch Goldfolie (Blattgold) gekauft werden.

Die Wirkung von Amuletten und Glücksbringern kann durch die Pyramide verstärkt werden.

Empfohlene Aufladungszeit: mindestens drei Tage.

Magische Formeln

Ebenso wichtig wie der Werkstoff sind die aufgebrachten magischen Zeichen zur Glücksbeschwörung. Besonders bekannt sind das Jupitersigill und die Sator-Arepo-Formel.

Die fertigen Amulette sollten über einen längeren Zeitraum unter der Pyramide aufgeladen werden und können dann, je nach gewünschtem Verwendungszweck, eingesetzt werden.

Die Sator-Arepo-Formel:

S A T O R
A R E P O
T E N E T
O P E R A
R O T A S

Das magische Jupiterquadrat:

16	3	2	13
5	10	11	8
9	6	7	12
4	15	14	1

Der Umfang der vom Amulett gewünschten Veränderungen muß in einem vernünftigen Bereich liegen. Nur dann kann das Amulett wirksame Unterstützung und Hilfe sein.

Magische Zahlen

Häufig wird von geheimnisvollen Zahlen und Prophezeiungen, die sich aus Pyramidenmaßen ergeben sollen, berichtet. Vieles davon ist reine Spekulation. In der Praxis konnte sich jedenfalls bisher kein System durchsetzen oder durch besondere Ergebnisse bestechen.

Beliebter und nicht ganz ohne Hintergrund ist die Bedeutung persönlicher Zahlen.

In diesem Bereich der Okkultwissenschaften ist dennoch eine gewisse Zurückhaltung angebracht. Von Kritikern wird behauptet, die Numerologie wäre nichts anderes als ein "paranoides System", in dem reine Zufälligkeiten mit Zahlenspielereien kombiniert zur Schicksalsmacht hochstilisiert werden.

Tatsächlich beobachtet man bei Personen, die sich allzusehr mit der Numerologie beschäftigen, recht bedenkliche Neigungen und Verhaltensweisen.

Wie weit dieser Zahlenwahn führen kann, konnte ich bei einer mir persönlich bekannten Person feststellen: Aufgrund intensiver Beschäftigung mit der Numerologie versuchte sie selbst beim Einkaufen "günstige Zahlen" zu erhalten. War der Preis für eine Ware DM 8.-, so bezahlte sie freiwillig die (numerologisch) günstigere Summe von DM 9.- !

Verständlich, daß sich dies bei Geschäften, insbesondere auf dem Wochenmarkt, rasch herumsprach und die Verkäufer mit freundlichem Lächeln versuchten, ungünstige Zahlen für ihre Waren zu nennen.

In einem anderen Fall verkaufte eine Klientin ihr Haus mit erheblichem Verlust, weil die Hausnummer auf finanzielle Nachteile hindeutete - ein typisches Beispiel für die sich selbst erfüllende Prophezeiung.

Die unkritische Haltung gegenüber der Numerologie kann völlig unnötige Probleme erzeugen. Fixierungen auf bestimmte Zahlen führen zudem zu einer Blockade der eigenen Parafähigkeiten. Wer Glückszahlen pendelt und diese anschließend starren "Zahlengesetzen" unterwirft, bringt Feuer und Eis zusammen.

Dennoch wird man immer wieder im Leben Zahlen begegnen, die in Verbindnung mit bestimmten Ereignissen stehen. Das Geburtsdatum taucht in unterschiedlichen Kombinationen immer wieder an bedeutungsvollen Punkten des Lebens auf.

Mein eigenes Datum - 17.6. - brachte außer der Tatsache, daß ich immer an einem Feiertag (17. Juni, Tag der Deutschen Einheit) Geburtstag habe, bereits mehrere positive Ereignisse.

Ein Lottogewinn, eine erfolgreiche Buchveröffentlichung, ein sehr großer Geldbetrag aus einer Erbschaft sind im Zusammenhang mit diesem Datum zu nennen.

Mein Lieblings(Gewinn)spiel, die Elferwette, läßt sich ebenfalls aus diesen Zahlen ableiten (17 - 6 = 11).

Sind nun 17 und 6 persönliche Glückszahlen für mich ?

- Oder muß man mehr die astrologisch nicht ganz unbedeutende Tatsache der Sonne-Sonne-Konjunktion im Horoskop berücksichtigen ?

Auch wenn Glückszahlen nicht denselben Stellenwert wie durch andere Paratechniken erhaltene Zahlen haben, sollte man markante Zahlen in seinem Leben, wie etwa das Geburtsdatum, auf ihre positive Wirkung hin überprüfen.

Zusätzlich können Glückszahlen durch Umrechnung des Namens, Verwendung von Haus-, Telefon- oder Autonummern erhalten werden.

Für Glücksspiele werden diese Zahlen gern verwendet - und wie berichtet wird, nicht ganz ohne Erfolg !

Die persönliche Glückszahl aus dem Namen kann nach folgendem Schema errechnet werden:

1	2	3	4	5	6	7	8	9
a	b	c	d	e	f	g	h	i
j	k	l	m	n	o	p	q	r
s	t	u	v	w	x	y	z	

Man liest die Zahlenwerte der im Namen enthaltenen Buchstaben ab und zählt sie zusammen. Aus der Summe bildet man so lange die Quersumme, bis eine Zahl unter 10 entsteht. Dies ist dann die persönliche Glückszahl. (Bei Frauen kann zur Berechnung auch der Geburtsname verwendet werden).

Beispiel:

Name:	B e r t a	M e i e r	
Zahlenwerte:	2 5 9 2 1	4 5 9 5 9	= 51
Gesamtsumme:	51		
Quersumme:	5 + 1 = 6		

Die persönliche Glückszahl für den Namen Berta Meier ist 6.

Ähnlich wird die Glückszahl aus dem Geburtstag ermittelt: Die einzelnen Zahlen (der Geburtsmonat wird ebenfalls nur als Zahl genommen) werden zusammengezählt, und anschließend wird die Quersumme gebildet.

Beispiel:
18. Januar 1952

in Zahlen ausgedrückt: 1 + 8 + 1 + 1 + 9 + 5 + 2 = 27
Quersumme: 2 + 7 = 9
Die Glückszahl für den Geburtstag 18.1.1952 ist 9.

Berechnungsmethoden für Glückszahlen werden oft sehr unterschiedlich angegeben; anstatt viel herumzurechnen, läßt man im Zweifelsfall die Zahlen im Urzustand und verwendet sie unmanipuliert als Glückszahlen.

Glückszahlen können, vor allem wenn sie direkt auf die Person bezogen sind (Geburtsdatum), unter der Pyramide positiv verstärkt werden. Die Zahlen werden mit schwarzer Tusche auf Papier oder Pergament geschrieben und mit einem Wunsch verbunden unter die Pyramide gelegt.

Astrologische Glückssteine und Glückszahlen

Für diese Anwendungsform gibt es keine rationale Begründung, es ist dennoch faszinierend zu beobachten, wie die Verwendung von Glückssteinen und Glückszahlen zum Erfolg führt.

Ein Grund für die große Beliebtheit dieser Glückbringer ist ihre denkbar einfache Anwendung:

Glückssteine werden an einer Kette getragen oder können auch in der Geldbörse aufbewahrt werden. Ein bis zweimal pro Monat werden sie für 24 Stunden unter der Pyramide reaktiviert.

Die astrologischen Glückszahlen werden beim Ausfüllen von Lottoscheinen oder auch beim Kauf von Losen berücksichtigt. Neben Losen oder Quittungsabschnitten können auch die Glückszahlen selbst unter die Pyramide gelegt werden.

Die Verstärkung der Glückszahlen durch die Pyramide konnte vom Autor nicht bestätigt werden, in der allgemeinen Okkultliteratur sind aber zahlreiche Hinweise und Beispiele für diese Anwendung zu finden: Prüfen Sie deshalb selbst, inwieweit diese Methode Erfolge bringt.

Astrologische Glückssteine:

Wassermann	(21. 1.	- 19. 2.)	* Amethyst *
Fische	(20. 2.	- 20. 3.)	* Koralle, Aquamarin *
Widder	(21. 3.	- 20. 4.)	* Diamant *
Stier	(21. 4.	- 21. 5.)	* Saphir, Smaragd *
Zwilling	(22. 5.	- 21. 6.)	* Mondstein, Alexandrit *
Krebs	(22. 6.	- 22. 7.)	* Rubin *
Löwe	(23. 7.	- 23. 8.)	* Peridot, Sardonyx *
Jungfrau	(24. 8.	- 23. 9)	* Topas, Saphir *
Waage	(24. 9.	- 23.10.)	* Aquamarin, Opal, Turmalin *
Skorpion	(24.10	- 22.11.)	* Granat, Topas, Zitrin *

Schütze (23.11 - 21.12.) * Türkis, Zirkon *
Steinbock (22.12. - 20. 1.) * Onyx, Granat *

Überträgt sich die kombinierte Kraft von Edelstein und Pyramide auf den Träger ?

Unter der Pyramide aufgeladene Glückssteine sollen besonders wirksam sein und positve Ereignisse "magisch" anziehen.

Astrologische Glückszahlen (europäischer Tierkreis):

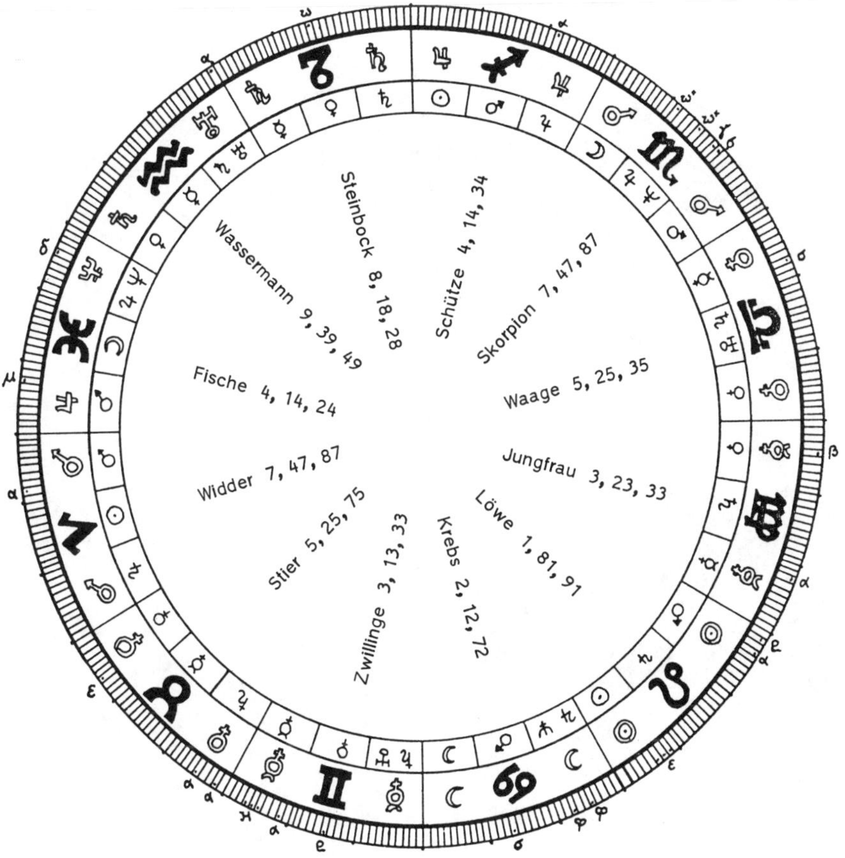

Die Glückszahlen des Chinesischen Horoskops:

VI. MAGIE - EIN WELTBILD KEHRT ZURÜCK

Man erinnert sich noch an die naßforschen Kommentare über den Kometen Halley und seine unheilbringende Wirkung.

Purer Aberglaube, wissenschaftlich unhaltbar, mittelalterliches Gedankengut, hieß es.

Halley kam, und das Jahr 1986 wurde zu einem Desaster für Technik und Wissenschaft.

Systeme, die als absolut sicher galten, versagten plötzlich - den Amerikanern wollte kein Raketenstart mehr gelingen. Die Challenger - Katastrophe ließ die Weltraumträume buchstäblich verglühen.

Dann Tschernobyl !

Halley verabschiedete sich gerade von der Erde, als sich das bisher größte von einer Industrieanlage verursachte Unglück ereignete.

Wieviele Tote zu beklagen sind, wieviel Leid die radioaktive Verseuchung über ganze Länder gebracht hat, wird wohl nie ganz zu klären sein.

Tatsache ist, daß im Jahr des Kometen mehrere, ungewöhnlich negative Ereignisse stattfanden.

Vielleicht wird dieselbe Wissenschaft, die bisher Angst vor Kometen als völlig unbegründet und irrational erklärte, schon in ein paar Jahren nachweisen, daß eine Kometenannäherung vom menschlichen Nervensystem aufgenommen wird und zu verstärkten Fehlleistungen führt.

Eine alte - magische - Ansicht über das Wirken kosmischer Kräfte würde so, wie schon oft, ihre "moderne" Bestätigung erfahren.

Die Erforschung der Seele - der große Irrtum

Betrachtet man die Situation im Bereich der Psychologie, so stellt man bei genauerem Hinsehen fest, daß in dieser Wissenschaft noch vieles ungeklärt ist und sich ihre Vertreter durch kraß gegensätzliche Meinungen auszeichnen.

Wesentlich dürfte die sich mittlerweile verbreitende Erkenntnis sein, daß die Psychologie nicht die Ergebnisse gebracht hat, die von ihr erwartet wurden.

Der Psychoboom ebbte sehr schnell ab: Wer Problemlösung suchte, mußte erstaunt feststellen, daß neue Probleme hinzukamen. Die seelische Befreiung erwies sich als kostenintensiver, langwieriger und für Menschen, die im Berufsleben standen, kaum durchführbarer Prozeß.

Probleme zu analysieren, über den Verstand zu lösen, war nicht im gewünschten Umfang möglich - die Erfolge waren dementsprechend mager.

Der Einsatz der Persönlichkeit - das Ansprechen der Gefühlswelt, ja sogar der Rückgriff auf irrational- mystische Elemente wird nun wieder in die Behandlung miteinbezogen.

Viele Psychologen scheuen sich auch nicht, Anleihen bei den bisher verpönten "nicht wissenschaftlichen" Heilmethoden zu machen.

Die erstaunlichen Erfolge von Schamanen oder Medizinmännern werden studiert und kopiert, alternative Heilweisen eingeführt. Insgesamt ein erkennbarer Umschwung, letztendlich zum Wohle der Patienten.

Rationell-logisches Denken ist in einigen Disziplinen Voraussetzung, in anderen Bereichen aber von reduzierender Wirkung auf Kreativität und Erkenntnisfähigkeit.

Die Seele rational zu erfassen, ist ein Widerspruch in sich selbst. Wer sich der Seele nähern möchte, kann dies nicht ausschließlich mit Computer oder Skalpell tun.

Dieser Versuch - man muß es deutlich sagen - ist fehlgeschlagen. Die Seele hat sich dem wissenschaftlichen Zugriff weitgehend entzogen.

Selbst die Parapsychologie, jahrelang auf statistisches Erfassen der PSI-Phänomene abonniert, mußte die begrenzten Möglichkeiten der Meßbarkeit seelischer Vorgänge akzeptieren.

Der Nachweis parapsychologischer Erscheinungen im Labor gelang. Aber wie Prof. Bender zugeben mußte - nur in "Spurenelementen".

Dabei ist das menschliche Leben so reich an Erfahrungen, die auf seelisch - parapsychologische und magische Kräfte hinweisen.

Das Wassermannzeitalter - Umpolung des Denkens

Die Gefahren magischen Denkens, die oft unnötigen Ängste, die durch Aberglauben entstehen, manifestierten sich im Mittelalter in absurden Heilmitteln (mittelalterliche Dreckapotheke) und Exzessen wie Hexenverfolgungen oder Teufelsaustreibungen. Die Menschen waren beherrscht von der Angst vor dem Okkulten, und diese Angst trieb seltsame Blüten. Magisches Denken hüllte ganze Kontinente in einen Nebel von krankhaften Vorstellungen, Angst und Mißtrauen.

Aufklärung, rationelles Denken, das Abstreifen überkommener Vostellungen waren ein nötiger Akt der Selbstbefreiung des Menschen; die geistigen Entwicklungen der Neuzeit in Europa ein wichtiger und nötiger Schritt.

Der Mensch konnte aufatmen und brauchte nicht mehr hinter jedem Strauch eine Spukgestalt, in jedem Fluß ein Ungeheuer oder Gnome der Nacht zu fürchten.

Der sinnende Blick der Nachbarin wurde nicht mehr als persönliche Bedrohung gesehen, krankes Vieh nicht als Folge eines

Zaubers betrachtet, sondern auf mangelnde Hygiene zurückgeführt.

Lärmende Technik verdrängte die Waldgeister, moderne Medizin überwand Pestilenzen, die Wissenschaft fand Erklärungen für die Vorgänge der Natur.

Die Aufklärung nahm die Angst vor dem Verborgenen - alle Rätsel erschienen lösbar - der Mensch war auf dem Weg zum Paradies auf Erden.

Schöne neue Welt

Unser Jahrhundert glänzt durch technische Entwicklungen. Der Mensch erobert das Weltall, besiegt Krankheiten, macht sich die Erde untertan.

Unser Jahrhundert ist aber auch reich an Grausamkeiten. Zwei Weltkriege kosteten Millionen von Menschen das Leben, mehr als jeder andere, bisher in der Geschichte der Menschheit geführte Krieg.

Der Einsatz der Technik ermöglichte Massenvernichtungen in unbegreiflichem Ausmaß. Politische Verfolgung, Folterung, Mord fordern in unserer Zeit in einem Jahrzehnt mehr Opfer als die Inquisition während ihrer gesamten Schreckensherrschaft.

Die Natur wird mit technischen Mitteln ausgelaugt und in unglaublich verachtender Weise verschmutzt.

Bäume und Tiere sterben, Menschen werden verseucht, und über allem steht das Menetekel eines thermonuklearen Krieges - dem von Menschen verursachten Ende unseres Planeten !

Paradies auf Erden - schöne neue Welt ?

Das Pendel schwingt in die andere Richtung

Glaubte man noch vor wenigen Jahren, Krebskrankheiten zu besiegen, so muß nun eingestanden werden, daß nur recht kleine

Fortschritte möglich waren. Ja, daß sogar in einigen Bereichen die Schwierigkeiten größer wurden. Krebs als Folge der leicht übertragbaren Immunschwäche AIDS beunruhigt die Menschen, eine neue Angst entsteht.

Und - man erkennt, daß Stahl und Strahl, die radikalsten Waffen gegen diese Krankheit, nicht der Weisheit letzter Schluß sind.

Die Psyche, die Selbstheilungskräfte, der magische Helfer in uns werden wieder aktiviert und Erkankungen auf wunderbare Weise geheilt.

Kehrt das Mittelalter zurück oder findet der Mensch Ansatzpunkte, sich in seiner Gesamtheit zu erkennen und zu akzeptieren ?

Ist nicht das bisher Verbannte, das Magische, ebenso ein Teil von uns wie unser rational arbeitender Verstand ?

Holoistische Medizin - eine Heilmethode, die den Menschen in seiner Gesamtheit in die Behandlung miteinbezieht, wurde zum Schlagwort, und ihre Erfolge sind mehr als nur eine schillernde Seifenblase am Okkulthimmel.

Das Pendel schwingt zurück - man besinnt sich wieder auf die Erkenntnisse der "Alten".

Träume

In der ägyptischen Mythologie nehmen Träume und deren Deutung einen breiten Raum ein. Ob dies eine Folge der Pyramiden ist, mag dahingestellt sein. Erstaunlich ist jedoch, daß sehr viele Pyramidenbenutzer über eine regere Traumtätigkeit berichten. Es wird intensiver und farbiger geträumt, die Möglichkeit, sich an Träume zu erinnern nimmt zu, wohingegen Alpträume seltener werden.

Da die Verarbeitung hauptsächlich unbewußter Ängste in Träumen für die psychische Gesundheit sehr wichtig ist, sollte die Pyramidenwirkung in dieser Hinsicht genauer untersucht und getestet werden.

Viele Träume enthalten auch Botschaften, die in die Zukunft gerichtet sind. Besonders Krankheiten offenbaren sich in Träumen häufig schon lange, bevor ein organischer Befund feststellbar ist. Die Deutung von Träumen zu diagnostischen Zwekken war in den alten Hochkulturen sehr beliebt und wurde auch praktisch angewendet.

In unserer Zeit arbeitet die Medizin mit anderen Diagnosemitteln, so daß die Traumdeutung insgesamt nur in einem relativ kleinen Bereich der Psychologie Verwendung findet.

Die volkstümliche Art der Traumdeutung erfährt dagegen eine deutliche Renaissance, und man findet in vielen Zeitschriften Traumdeutungen.

Da ich über einen längeren Zeitraum für eine Fachzeitschrift Träume von Lesern gedeutet habe, bin ich jedoch zu der Ansicht gelangt, daß allgemeine Traumsymbole nur sehr beschränkte Aussagefähigkeit haben. Sinnvoller ist die individuelle Traumdeutung, die die Persönlickeit des Menschen und seine Erfahrungswelt miteinbezieht.

Der Traum von einem Messer wird beispielsweise (bei Frauen)

gern als sexuelle Vorstellung gewertet, andrerseits wird es aber auch als Symbol für drohende Verletzung/Operation oder Abbruch (Zerschneiden) einer Freundschaft gesehen. (Die Deutung variiert von Autor zu Autor !)

Für den einen kann ein Messer eine bestialische Waffe sein, während der andere, von Beruf vielleicht Metzger, darin lediglich ein Arbeitsgerät sieht.

Populär ist die schlichte Symboldeutung.
Nach dem Motto: wer von Forellen träumt, wird bald Glück haben. Oder: eine Schlange im Traum bedeutet Hinterlist und Heimtücke einer Frau...

Eine Pyramide im Traum kann übrigens Glück in der Ferne oder eine Offenbarung bedeuten!

Geträumte Zahlen werden häufig auf den Lottoschein übertragen und führen anscheinend auch zum Erfolg. Regelmäßig wird von Lottogewinnern berichtet, die "Traumzahlen" getippt hatten.

Da die Pyramiden Träume anregen, könnten möglicherweise auch in dieser Hinsicht die Gewinnchancen verbessert werden.

Persönlich gelang mir aufgrund geträumter Totoergebnisse ein größerer Gewinn; leider war dies nur einmal der Fall. Denn, wie auch immer Träume zustandekommen, brauchbare Glückszahlen lassen sich jedenfalls nicht auf Befehl träumen.

Wer mehr über sich und über seine Träume herausfinden möchte, insbesondere wenn es sich um präkognitive Träume handelt, tut gut daran, wichtige Trauminhalte zu notieren.

Aus dem Eintreffen des Traums lassen sich brauchbare Rückschlüsse auf die eigenen Parafähigkeiten ziehen. Wer gelernt hat, Träume richtig zu interpretieren, hat eine interessante und ergiebige Informationsquelle über sich selbst, und in manchen Fällen auch hinsichtlich zukünftiger Ereignisse, erschlossen.

Erfolgreich pendeln

Ähnlich wie beim Kartenleger oder bei einem Astrologen ist die erste Begegnung mit einem professionellen Pendler ein gefühlsintensives Erlebnis.

Wenn das Pendel, von unsichtbarer Hand geführt, Striche, Kreise oder Ellipsen "zeichnet", wenn Krankheit, Liebesglück und Charaktereigenschaften vom Pendel angezeigt werden, fühlt man sich unwillkürlich ertappt, innerhalb von wenigen Minuten bis ins Innerste durchschaut. Wird dann auch noch Zukünftiges offeriert, entsteht ein Gefühl der Beklemmung, gemischt mit höchstem Erstaunen.

Ein Unfall, ein großer Verlust droht; eine Partnerschaft wird in die Brüche gehen. Aber als Silberstreif am Horizont - der Lottogewinn winkt.

Hand aufs Herz, wer sich ans Okkulte wendet, erwartet ein bißchen Herzklopfen und Gänsehaut, gemischt mit der Hoffnung, den über der Zukunft liegenden Schleier etwas zu lüften.

Bei meiner ersten Begegnung mit einer Pendlerin erging es mir, zumindest in den ersten Minuten, nicht anders. Aufgrund zahlreicher Tests mit parapsychologischen Effekten vertraut, begann ich jedoch bald kritisch zu hinterfragen.

Kurz gesagt, die Aussagen offenbarten nichts Neues und basierten im wesentlichen auf Gemeinplätzen: Sie werden einen Unfall haben (falsch), eine größere Krankheit droht (richtig), Sie werden umziehen (richtig), beruflich ergibt sich ein Aufstieg (richtig), Ihre Schwester wird sterben (falsch - ich habe gar keine Schwester) usw.

Vielleicht war es meine kritische Einstellung, daß die Ergebnisse mittelmäßig waren, vielleicht hatte die Pendlerin einen schlechten Tag, vielleicht war das Pendel nicht ordnungsgemäß entodet, vielleicht...

Eine Menge Vielleicht, Wenn und Aber, um Fehlanzeigen zu entschuldigen, wo Entschuldigungen eigentlich gar nicht nötig wären.

Darf man wirklich erwarten, für 30 oder 50 DM Auskunft über Vergangenheit, Gegenwart, Zukunft und, als Gratisgabe, noch die Lottozahlen zu erhalten ?

Liegt das Versagen nicht im Verhalten des Fragenden, der für ein Trinkgeld Informationen erhalten will, die Tausende von Mark wert sind?

Richtiges Pendeln erfordert Kraft.

Nur wenige Pendler sind mit parapsychologischen Gesetzen vertraut und wenden diese an. Meist wird am "Fließband" mit dementsprechenden Ergebnissen gependelt. Für andere Wahrsagetechniken wie Hellsehen oder Kartenlegen gilt dasselbe.

Hier zeigt sich ein großer Widerspruch zwischen den Ergebnissen der parapsycholgischen Forschung und den im Okkultbereich Tätigen.

Bei Untersuchungen der Parafähigkeit zeigt sich deutlich, daß auch außerordentlich begabte Personen nach einigen Stunden "leer" sind und die Ergebnisse deutlich schlechter werden.

Für die Praxis bedeutet dies, daß der Pendler, Hellseher etc. nach drei, vier Kunden pro Tag parapsychisch erschöpft ist und eigentlich für den Rest des Tages in diesem Bereich nicht mehr arbeiten dürfte.

Für den privaten Pendler gilt dies natürlich genauso; wer pendelt, sollte sich auf wenige Fragen beschränken und entsprechende Pausen zwischen den einzelnen "Befragungen" einhalten. Ein dumpfes Gefühl im Kopf oder Kopfschmerzen zeigen deutlich an, daß übertrieben wurde.

Pendeln in der Praxis

Pendeln ist die einfachste und damit auch am leichtesten zu erlernende Technik der Zukunftsbefragung. Schon ein Ring, an einem Bindfaden befestigt, "pendelt" und beantwortet Fragen.

Mit einem Ring oder einem anderen beliebigen Gegenstand zu pendeln, ist zwar möglich, aber ein solches Pendel "läuft" nicht richtig.

Schlingerbewegungen, wie Ringe sie beschreiben, bedeuten nicht unbedingt Untreue des Partners; sie sind eher auf mangelnde Empfindlichkeit und schwingungsspezifische Eigenarten des Pendels zurückzuführen.

Die Ausgabe für ein Pendel sollten deshalb nicht gescheut werden; ab 15.- DM sind bereits geeignete Pendel erhältlich.

Das Pendel wird an einem Bindfaden oder Haar befestigt. Metallkettchen oder Ähnliches stören die Empfindlichkeit des Pendels und sind nur in Ausnahmefällen verwendbar.

Die Länge des Fadens bestimmt die Größe des möglichen Pendelausschlags.

Ein zu kurz gefaßtes Pendel wird dementsprechend hektische kleine Ausschläge machen, während ein langes Pendel ruhige und weite Schwingungen ausführt. Üblich sind Pendellängen von 20 bis 40 cm.

Im allgemeinen wird zum Pendeln der Ellbogen auf die Tischplatte aufgelegt, die Hand befindet sich 20 bis 30 cm über der Unterlage. Hand und Arm sollten dabei möglichst entspannt und ruhig sein, damit keine Zitterbewegungen auf das Pendel übertragen werden.

Hält man den Faden mit Daumen und Zeigefinger fest, so beginnt das frei hängende Pendel von selbst zu schwingen. Die häufigste geometrische Figur ist der Kreis, daneben treten Ellipsen oder Striche auf. Absoluter Stillstand des Pendels oder Spiralen sind seltene Sonderfälle.

Legt man einen Gegenstand oder ein Bild unter das Pendel und stellt eine Frage, so beginnt sich das Pendel zu bewegen. Bei erfahrenen Pendlern setzen die Pendelbewegungen schnell ein und können sehr heftig sein. Beim Anfänger dauert es eine gewisse Zeit, bis Pendelbewegungen wahrnehmbar sind.

Vor dem Pendeln kann das Pendel entodet werden, indem mit der Hand die Oberfläche "abgewischt" wird. Die Hand wird anschließend kräftig abgeschüttelt, mit etwa derselben Bewegung, mit der Wassertropfen abgeschüttelt werden.

Ob diese Prozedur die Pendelergebnisse verbessert, sei dahingestellt, sie wird jedenfalls von den meisten Pendlern empfohlen.

Das Pendel selbst sollte nicht aus der Hand gegeben werden; nach der Theorie würde sich dabei fremdes Od auf das Pendel übertragen und seine Funktion stören.

Nach dem Pendeln legt man das Pendel am besten in einen wattegefüllten Karton oder auch in ein mit Samt ausgeschlagenes Kästchen. Offen herumliegen sollte das Pendel jedenfalls nicht.

Der schwierigste Teil des Pendelns ist die Deutung der Pendelbewegung. Allgemein gilt:

Kreis - ja
Strich - nein
Stillstand - "unentschieden" (oder auch - Frage kann nicht beantwortet werden)

Die Pendelbewegungen sind jedoch nicht immer eindeutig, und es gehört einige Übung dazu, herauszufinden, ob es sich beispielsweise um einen "wackeligen" Kreis oder eine Ellipse handelt. Während des Pendelns kann sich zusätzlich die Schwingung ändern, so daß aus dem ursprünglichen Kreis über die Ellipse ein Strich wird.

Konzentrieren Sie sich deshalb am Anfang auf die klar erkennbaren Figuren. Läßt sich eine Pendelbewegung nicht genau einordnen, verzichten Sie vorläufig auf eine Deutung.

Auch Pendelexperten sind sich über die Aussagen bestimmter Pendelbewegungen nicht ganz einig. Es ist durchaus möglich, daß Sie unterschiedliche Interpretationen ein und derselben Pendelbewegung finden.

In manchen Pendeltheorien werden zur Bestimmung eines Objekts "Serien" und "Auschlagszahlen" verwendet. Außerdem wird das Objekt auf Solarstrahl, Polarmeridian, Schwingungsrate, Wellenlänge und Grundstrahl überprüft.

Sollte dies zur Bestimmung noch nicht ausreichen, können Stoffe zusätzlich durch ihre "Durchstrahlbarkeit" unterschieden werden, wobei bis zu sechs Durchstrahlungsachsen möglich sind.

Selbst Experten der Radiästhesie sind angesichts bestimmter Probleme ratlos und anstatt dies als Kompetenzgrenze des Pendelns anzuerkennen, flüchten sie in ein immer komplizierteres und unüberschaubareres System von Bezeichnungen und Techniken.

Für den Laien bietet sich als Ausweg aus diesem Dilemma nur die Praxis, die eigene Erfahrung an. Stellen Sie deshalb Ihre persönlichen Pendelzeichen fest.

Nehmen Sie zum Beispiel das Foto einer Person, über deren Schicksal Sie informiert sind und stellen Sie eine Frage: geschieden oder nicht geschieden ?

Notieren Sie das darauf folgende Pendelzeichen.

Wenn Sie nach diesem Schema einige Dutzend Fragen gestellt haben, können Sie Ihren persönlichen Pendelkatalog zusammenstellen, der Ihnen mehr nützen wird als langatmige und häufig widersprüchliche Beschreibungen in der Fachliteratur.

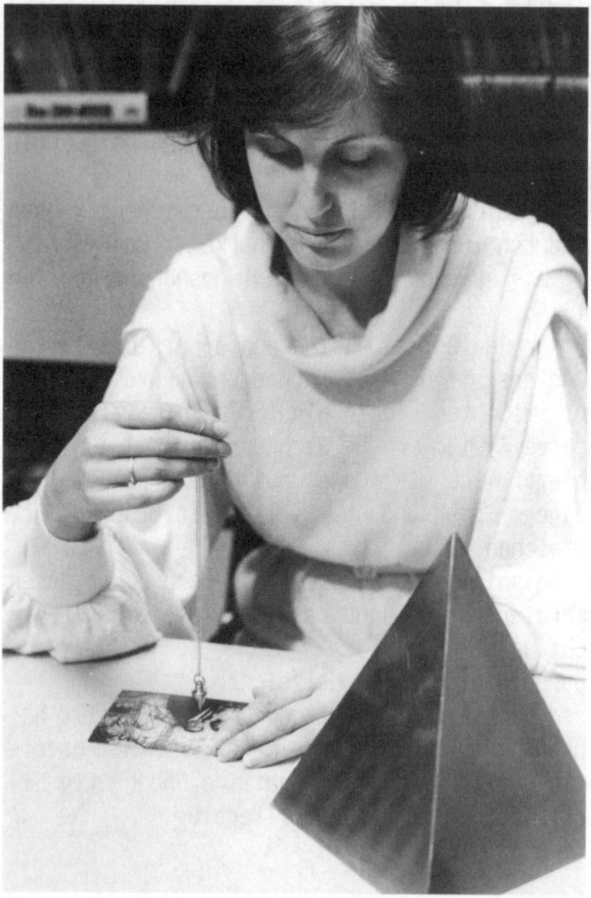

Ist der Partner noch treu ?
Das Pendel gibt Auskunft auf alle Fragen

Erfolg durch Pendeln

Der Anfänger, der nach halbstündiger Pendelpraxis die kompletten Lottozahlen erwartet, wird naturgemäß eine Enttäuschung erleben. Erst wenn die Bedeutung der verschiedenen Schwingungsformen klar ist und eine entsprechend gute Trefferquote erzielt wird, kann man darangehen, auch zukünftige Ereignisse zu pendeln.

An große, schwierige Fragenkomplexe muß man sich herantasten; das Thema gleichsam mit dem Pendel "einkreisen".

Erfolgreiches Pendeln ist weniger von der angewandten Technik als von der inneren Einstellung abhängig. Das schönste Mimosapendel, die beste Pendellehre wird wenig nützen, wenn der Pendler aufgeregt oder voll unerfüllbarer Wünsche ist.

In vielen Pendelbüchern wird eine hohe moralische und ethische Einstellung gefordert. Diese "sittliche Reife" scheint jedoch mehr dem elitären Denken der Autoren zu entspringen; in der Praxis reicht eine lockere, gelöste Grundeinstellung aus, um gute Ergebnisse zu bringen.

Wenn ohne große Erwartungen, ohne inneren Druck gependelt wird, läuft das Pendel mühelos und gibt Auskunft auf alle Fragen.

Wird eine "unerlaubte" Frage gestellt, spürt man bei einiger Sensibilität den Widerstand des Pendels. Die Bewegungen werden zittrig, die Hand hilft schließlich nach, um das gewünschte Pendelzeichen zu erhalten, und das Ergebnis wird natürlich unbrauchbar sein.

Einige Beispiele:

1.Frage: werde ich ein hohes Alter erreichen ?

Antwort - unklare Pendelbewegungen; das Pendel "weicht" dieser zu direkten Frage aus. Besser wäre zu fragen: wie kann ich ein hohes Alter erreichen? Anschließend diese Hauptfrage unterteilen - gesunde Ernährung, Risikofaktoren, Vorsorgeuntersuchungen, kleinere Tätigkeiten im Alter, Bekanntschaften, Krankheiten ?

Auf diese "kleinen" Fragen gibt das Pendel recht brauchbare Antworten, und es zeichnet sich nach einiger Zeit ein Bild der eigenen Zukunft ab.

Empfehlenswert ist es, die Antworten zu notieren, um Einzelaussagen besser miteinander kombinieren zu können. Außerdem wird dadurch vermieden, daß eine Frage zweimal gestellt wird; auf Fragenwiederholungen reagiert das Pendel zumeist recht unwillig.

2. Frage: ist dieser Partner gut für mich ?
Anwort - das Pendel wird auf diese einfache Frage meist klar mit ja oder nein antworten. Weicht das Pendel aus, so ist dies vorläufig kein Grund zur Besorgnis. Man beginnt genauer zu hinterfragen: ist der Partner bösartig, hat er eine andere Beziehung etc.

Es sollten in jedem Fall mehrere Fragen gestellt werden, um ein vollständiges Bild zu erhalten. Es kann die Frage nach der Treue des Partners positiv beantwortet und gleichzeitig auch eine neue Beziehung angedeutet werden. Hier ist beispielsweise zu differenzieren, ob die neue Beziehung geschäftlich oder privat, vorübergehend, oberflächlich usw. ist.

Vielfach wird bei emotionsgeladenen Fragen, gerade im Partnerbereich, zu schnell die eigene Meinung in den Vordergrund gestellt und Pendelausschläge voreilig interpretiert.

3. Frage: werde ich im Lotto gewinnen ?
Antwort - das Pendel schwingt auf nein. Wird man nun dieses

"Pendelurteil" annehmen oder wird sich der eigene Wille durchsetzen wollen?

Diese Frage zeigt deutlich, was unter einer lockeren Grundeinstellung zu verstehen ist: die Aussagen des Pendels werden akzeptiert und Fragen in diese Richtung vorläufig eingestellt.

Wer "auf Teufel komm heraus" pendelt, wird dagegen die Antwort ignorieren und versuchen, die Zahlen direkt zu pendeln.

Besser ist es, sich auch hier an das Thema heranzutasten: Welches Glückspiel ist für mich am besten, soll ich diese Woche spielen und mit welchem Einsatz usw.

Man erhält auf diese Fragen sinnvolle Antworten und kann so seine Chancen recht gut abschätzen.

Pendel und Pyramide

Parafähigkeiten ("Pendelkraft") können durch die Pyramide erheblich gesteigert werden, wodurch wiederum eine positive Rückwirkung auf Pendelergebnisse entsteht. Darüber finden Sie in anderen Kapiteln dieses Buches ausführliche Anleitungen.

Aufladung des Pendels

Das Pendel kann einfach unter der Pyramide aufbewahrt werden; die Daueraufladung zeigt nur positive Effekte. Ansonsten das Pendel mindestens zwei Tage (48 Stunden) unter der Pyramide aufladen.

Wird das Pendel senkrecht unter der Pyramide aufgeladen, ist der Effekt insgesamt besser. Um das Pendel aufrecht zu fixieren, kann ein Stück Plastikschlauch oder ein selbstgeklebtes Papierröllchen verwendet werden.

Wichtig: Das so aufgeladene Pendel wird vor dem Pendeln nicht abgestreift !

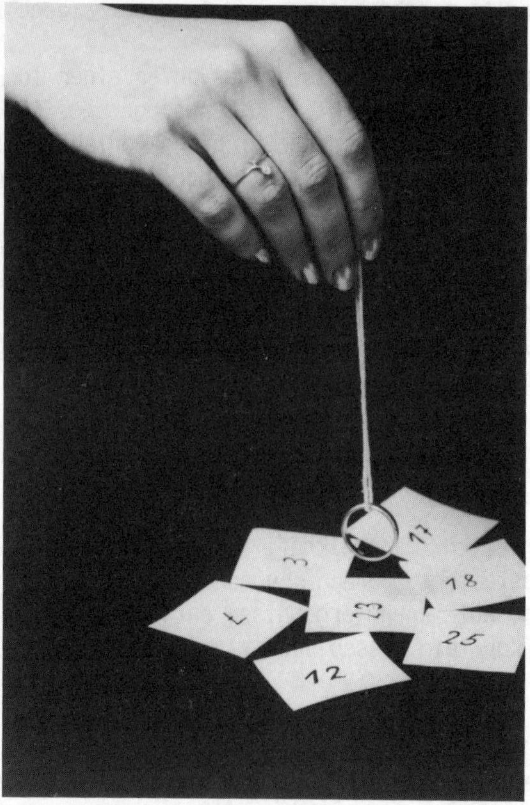

Zahlen pendeln

Um dieses Thema drücken sich viele Fachbuchautorern oder weichen auf recht schwammige Begriffe aus; dabei beschränkt sich (leider) in sehr vielen Fällen das Interesse am Pendel hauptsächlich auf das Herausfinden von Glückszahlen.

Können Gewinne, berufliche Erfolge, Erbschaften und andere Glücksfälle ausgependelt werden ?

Auf eine klare Frage eine klare Antwort - ja !
Aus meiner astrologischen Praxis sind mir mehrere Fälle bekannt, in denen Glückszahlen oder ähnliches mit dem Pendel gefunden wurden.

Als Reaktion auf die Erstausgabe meines Buches "Magie des Glücks - Erfolgsrezepte für Lottospieler" meldeten sich zusätzlich Leser, die durch parapsychologische Techniken, hauptsächlich Pendeln, schöne Geldsummen gewonnen hatten. Eine dankbare Leserin übersandte mir sogar ihr Gewinnbenachrichtigungsschreiben von der staatlichen Lotteriegesellschaft.
(* Magie des Glücks, erweiterte Neuauflage, Seite 171)
Auffällig war, daß fast alle Gewinner die Glückszahlen "so nebenbei" gependelt hatten. Sich mit dem Vorsatz hinzusetzen, einen "Sechser" zu pendeln, wird kaum Erfolg bringen; Glückszahlen sind eher ein Nebeneffekt beim Pendeln!

Einige Beispiele:
Es werden ganz allgemeine Fragen ausgependelt und man bemerkt, daß das Pendel besonders gut läuft, dann kann man zwischendurch auch ein paar Zahlen pendeln. In diesem Fall ist die Trefferquote besonders hoch. Kommen nur drei oder vier Zahlen gut durch, sollte man damit zufrieden sein - das Pendel läßt sich keinesfalls zwingen !

Spielt man diese Zahlen in einem System, so läßt sich damit auch ein schöner Gewinn erzielen.

Lotto

Je zufälliger ein Spiel ist, desto schwieriger ist es, die entsprechenden Zahlen herauszufinden. Beim Lotto muß auf ein Zahlenfeld von 49 Zahlen gependelt werden. Die Ziehung der Zahlen ist von keinerlei Gesetzmäßigkeiten abhängig, auch wenn gerne etwas anderes behauptet wird.

Beschränken Sie sich am Anfang darauf, nur Bereiche herauszufinden - also ob hohe oder niedere Zahlen gezogen werden.

Später können Zahlenfelder eingegrenzt werden. Man unterteilt dazu die 49 Zahlen in 7 Abschnitte:

1	2	3	4	5	6	7	keine Pendelreaktion
8	9	10	11	12	13	14	schwache Pendelreaktion
15	16	17	18	19	20	21	keine Pendelreaktion
22	23	24	25	26	27	28	sehr starke Pendelreaktion
29	30	31	32	33	34	35	keine Pendelreaktion
36	37	38	39	40	41	42	schwache Pendelreaktion
43	44	45	46	47	48	49	keine Pendelreaktion

Im Beispiel wird eine sehr starke Pendelreaktion im Bereich 22 bis 28 angenommen. Wurde richtig gependelt, so bedeutet dies, daß zwei oder mehr richtige Zahlen in diesem vergleichsweise kleinen Bereich gezogen werden.

Diese Zahlen können dann in einem System Verwendung finden. Bei nur einem Bereich bietet sich das Vollsystem 7 aus 6 (Einsatz DM 7.-) an. Bei mehreren Bereichen kann ein VEW-System gespielt werden.

Über jeder einzelnen Zahl zu pendeln, ist eine zeitraubende Angelegenheit, die zudem sehr viel Paraenergie verbraucht. Selbst mit einiger Pendelerfahrung und in ausgeruhtem Zustand sollten bei der Einzelpendelung größere Pausen gemacht werden oder das Zahlenpendeln über mehrere Tage verteilt werden.

Da meist mehr als 6 Glückszahlen erhalten werden, bietet sich auch hier wieder die Verwendung entsprechender Systeme an.

Sehr häufig ist auch zu beobachten, daß zeitlich hintereinanderfolgende Zahlen beim Pendeln "verwischt" werden, d.h. daß die gependelten Zahlen auf zwei oder drei aufeinanderfolgende Ziehungen verteilt gezogen werden. Viele Pendler hatten deshalb schon gute Erfolge, indem sie die einmal gependelten Zahlen über einen gewissen Zeitraum beibehielten.

Ein anderes, oft zu beobachtendes Phänomen ist die "Zahl daneben". Werden sehr häufig Zahlen gependelt, die direkt neben den tatsächlich gezogenen Zahlen liegen, dann kann dies unterschiedliche Ursachen haben. Falsche Einstellung gegenüber dem Pendeln verursacht diese "Mißweisungen" ebenso wie telepathischer Einfluß dritter Personen.

Vgl. dazu auch >> Das telepathische Netz <<.

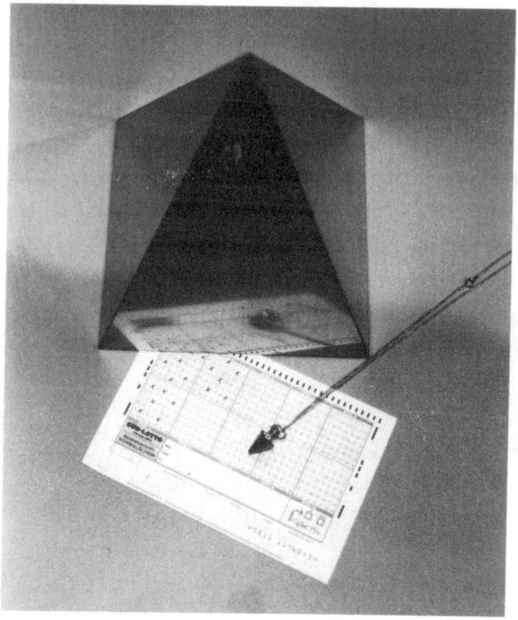

Toto

Hier gibt es ein einfaches, aber besonders trefferintensives System !

Sie verwenden dazu die Angaben über die jeweiligen Spielpaarungen aus der Vorschau; decken Sie aber die Vorhersagen über den Spielausgang ab.

Dann pendeln Sie die einzelnen Vereine durch, wobei ganz einfach gefragt wird, ob der erste Verein gewinnt, unentschieden spielt etc.

Notieren Sie die Pendelergebnisse. Auf diese Weise erhalten Sie eine eigene Vorhersage.

Anschließend wird die eigene Tipreihe mit der Vorschau kombiniert und auf Systemschein gespielt. Im allgemeinen ergeben sich drei bis sechs Zweiwege, was einem Einsatz von 8.- bzw. 64.- DM entspricht.

Bei unsicheren Pendelergebnissen können auch Dreiwege getippt werden, die natürlich kostenintensiver sind.

Lassen amtliche Vorschau sowie die eigenen Pendelergebnisse den Schluß zu, daß kaum Überraschungen bei den Spielen stattfinden werden, so ist es unter Umständen besser, nicht zu spielen, da selbst bei richtigem Ergebnis der Gewinn recht bescheiden ausfällt.

Interessant sind dagegen die Veranstaltungen, bei denen Favoriten außerhalb der Reihe spielen - die Gewinne, selbst bei nur neun Richtigen, sind dann recht ansehnlich.

Die geschilderte Methode eignet sich auch dann, wenn keine Fußballkenntnisse vohanden sind; beim Glücksspiel, und dazu zählt auch das Fußballtoto, ist es häufig sogar besser, ohne den sogenannten Sachverstand zu spielen.

Auswahlwette

Ähnlich wie beim Toto lassen sich die Unentschieden und damit die Zahlen für die Auswahlwette pendeln. Den hohen Zahlen ist dabei der Vorzug zu geben, da die Unentschieden bei gleichem Ergebnis von 45 aus gewertet werden.

Andere Glücksspiele

Bei anderen Glücksspielen kann ebenfalls gependelt werden. In der Literatur oder in Zeitungsberichten finden sich jedoch kaum Hinweise auf besondere Gewinne. Mir selbst ist kein Fall bekannt, in dem die Nummern für die Klassenlotterie oder Roulettzahlen gependelt wurden.

Bei diesen Glücksspielen versprechen andere Paratechniken mehr Erfolg.

Die Lottopyramide

Als 1975 im Rahmen eines Forschungsprogramms der Parapsychologischen Forschungsgesellschaft Augsburg e.V. an die Mitglieder Pyramiden verteilt wurden, war eine der großen Überraschungen dieses Projektes, daß ohne gegenseitige Absprachen mehrere Mitglieder ihre Lottoscheine einfach unter die Pyramiden legten und gewannen !

In anderen Fällen verstärkten die Pyramiden die vorhandenen Paraeigenschaften und ermöglichten so ebenfalls Gewinne.

Die Auswertung der Berichte von Gewinnern ergaben zwei verschiedene Anwendungformen:

Die etwas erfolgreichere Methode bestand darin, durch die Pyramide seine eigenen Kräfte, Konzentrationsfähigkeit, parapsychologische Begabungen etc. zu verstärken und dann im Bereich Glücksspiel anzuwenden.

Gewinnen durch die Pyramide

Bei der passiven Gewinnmethode wird der nicht ausgefüllte Lottoschein unter der Pyramide aufgeladen. Man nimmt dann den Schein heraus und kreuzt möglichst ohne zu überlegen die entsprechenden Kästchen an.

(Von Montag bis Mittwoch ist die Erfolgsquote besser als gegen Ende der Woche; anscheinend wird die innere Unruhe umso größer, je näher die Ziehung rückt.)

Den ausgefüllten Schein legt man wieder unter die Pyramide bis Freitag bzw. dem Tag, an dem der Schein an der Annahmestelle abgegeben wird - der Quittungabschnitt wird bis zur Ziehung unter die Pyramide gelegt.

(Für das Mittwochslotto ändert man den zeitlichen Ablauf entsprechend)

Als zweckmäßig hat sich erwiesen, dieselben Zahlen mehrfach hintereinander zu spielen - die Zahlen sind dann länger unter der Pyramide. Der Schein kann jede Woche neu ausgefüllt werden, oder man tippt seine Zahlen auf einen Dauerlottoschein.

Ob diese Methode Ihnen mehr Glück bringt, kann ganz einfach getestet werden:

Zusätzlich zu dem "Pyramidenschein" füllen Sie einen anderen Lottoschein, natürlich mit anderen Zahlen, aus und behandeln ihn wie üblich. Nach ein bis zwei Monaten wird die Anzahl der Treffer bei beiden Scheinen verglichen.

Häufig ist dabei zu beobachten, daß der unter der Pyramide liegende Schein eine höhere Trefferquote aufweist als der "unbehandelte Schein".

Eine Erklärung für diesen Effekt konnte bis heute nicht gefunden werden, dennoch tritt er immer wieder auf und ruft Erstaunen und Verwunderung hervor, und natürlich auch bessere Gewinne.

Max Toth und Greg Nielsen weisen in ihrem Buch "Pyramid Power" ebenfalls auf diesen mysteriösen Effekt hin:

"Die Mitglieder einer ASW - Forschungsgruppe in Los Angeles führen Experimente durch, bei denen Pyramiden zur Entwicklung von Gedankenformen benutzt werden. Die Pyramide fungiert dabei als geometrischer Verstärker der spirituellen Intensität einer Anrufung oder Bitte.

Die Mitglieder dieser Organisation berichten, daß ihre >>Inkubationspyramiden<< zu ihrer vollen Zufriedenheit arbeiten, ganz gleich ob es sich bei den vorgebrachten Bitten und Problemen um neue Arbeitsplätze, Geld oder andere Dinge handelt. Diejenigen, die an die Erfüllung ihrer Erwartungen wirklich glaubten, hatten keinen Grund zur Klage..."

An einer anderen Stelle beschreiben die Autoren nochmals diese phantastische und kuriose Anwendungsform der Pyramide.

"Eine Verwendungsart von Pyramidenmodellen, die große Aufmerksamkeit auf sich gezogen hat, ist ihre Benutzung zum Aufbewahren von Lotterielosen: Die Berichte von Leuten, die mit in Pyramiden aufgeladenen Losen Gewinne erzielt haben, sind zahlreich."

Einschränkend wird jedoch bemerkt, daß auch ein anderes Phänomen für diese Beobachtungen ursächlich sein könnte.

Die Anwendung der Pyramidenkraft bei anderen Glücksspielen läßt sich aus dem Rezept für das Lottospiel leicht ableiten. Lotterielose können nach demselben Schema aufgeladen und verstärkt werden, ebenso Preisausschreiben oder andere Unterlagen über Glücksspiele.

Für das Roulettspiel können die gewünschten Zahlen auf einen Zettel geschrieben und unter die Pyramide gelegt werden, jedoch empfehlen sich für dieses Glücksspiel andere Methoden, wie etwa Verstärkung eigener Parakräfte in Kombination mit einem guten System. Diese Methode ist zudem nur gewinnbringend, wenn mit eiserner Disziplin gespielt wird.

Toto

Für Toto und Auswahlwette muß das Gewinnrezept für das Lottospiel etwas variiert werden. Die in der Vorschau enthaltenen Spielpaarungen werden ausgeschnitten und die voraussichtlichen Spielergebnisse durch Überkleben unkenntlich gemacht. Nach der Aufladung (zwei bis drei Tage) schreibt man spontan, also ohne viel zu überlegen, seinen Tip auf.

Dieser persönliche Tip sollte bis spätestens Donnerstag fertig sein. Man überträgt die getippten Zahlen auf einen Spielschein oder kombiniert in einem System den Pyramidentip mit den Vorhersagen der Vorschau.

(Etwas ausführlicher als die amtliche Vorschau oder die Ankündigungen in den Tageszeitungen sind die Spielinformationen in der Zeitschrift "Tip mit", die in gut sortierten Zeitschriftenläden erhältlich ist.)

Die Auswahlwette wird nach demselben Schema gespielt. Auf dem Zettel mit den 45 Paarungen wird nach der Aufladung ebenfalls spontan angekreuzt und anschließend mit den aus der Vorschau erkenntlichen wahrscheinlichen Ergebnissen kombiniert. Es ergeben sich meist mehr als 6 interessante Zahlen, so daß wiederum ein System Verwendung finden kann.

Kritische Anmerkungen:
In neueren psychologischen Untersuchungen wurde die Ähnlichkeit zwischen Spielleidenschaft und Sucht festgestellt. Es wurden dabei vor allem die sozialen und finanziellen Auswirkungen bei "Automatenspielern" untersucht. Die Ergebnisse lassen sich natürlich, wenn auch nur in beschränktem Umfang, auf andere Formen des Glücksspiels übertragen. Übersteigen die Spieleinsätze 10 % des Einkommens oder werden gar Schulden gemacht, so kann das Glücksspiel nicht als "erregender Spaß mit Gewinnmöglichkeit" gesehen werden, sondern es ist eine Krankheit, die sich natürlich nicht körperlich, sondern psychisch-sozial auswirkt.

Die wissenschaftlichen Veröffentlichungen zu diesem Thema sind sicher für Fachleute interessant, nützen dem Laien aber recht wenig. Verständlicher wird die Spielsucht und deren Folgen von Dostojewsky ("Der Spieler") geschildert - als Lektüre "zwischendurch" sollte jeder Spieler dieses Buch einmal lesen - Parallelen zur Realität werden sich unschwer finden lassen.

Wer bereits größere Spielschulden gemacht hat, sollte sich an entsprechende Beratungsstellen bzw. einen Arzt wenden - bei massiven psychischen oder sozialen Störungen, und dazu gehört die Spielsucht, kann auch durch die Pyramiden das Ruder nicht mehr herumgerissen werden.

Vielleicht wird bei einer bestimmten Gruppe von Lesern die Begeisterung für die Pyramiden durch die letzten Sätze etwas gemindert; aber dies ist ein ehrliches Buch, und einem hochverschuldeten Spieler den großen Gewinn zu versprechen, wäre schlichtweg unseriös.

Es sollte sich jeder Spieler Gewinne und Verluste notieren. Und vor allem sollte das Glücksspiel nicht den Blick für andere Möglichkeiten vernebeln.

Die Geschichte des Mannes, der jahrelang seinen Tipschein an derselben Annahmestelle abgab und nicht bemerkte, daß sich die Geschäftsinhaberin für ihn interessierte, ist vermutlich nur eine Anekdote. Dennoch, häufig schnappt man nach den ganz großen Brocken und übersieht dabei kleine, aber leichter erreichbare Gewinne oder Erfolge.

Hellsehen - der Blick in die Zukunft

Etwas verwirrend ist der Gebrauch des Begriffs Hellsehen. Wird in der wissenschaftlichen Parapsychologie von Hellsehen gesprochen, so versteht man darunter die auf außersinnlichem Wege wahrgenommenen Ereignisse, die sich gerade abspielen. In die Zukunft gerichtete Aussagen werden dagegen als Präkognition (Vorherwissen) bezeichnet.

Im allgemeinen Sprachgebrauch ist aber fast jede paranormale Aussage "Hellsehen".

Der Blick in die Zukunft wird gern professionellen Hellsehern und Wahrsagern überlassen, obwohl deren Voraussagen bei genauer Überpüfung oft sehr wenig "aufhellend" sind.

Klienten, die von mir aufgefordert wurden, selbst einen Blick in die Zukunft zu wagen, reagierten manchmal fast beleidigt; dabei kann man die eigene Zukunft oft selbst am besten herausfinden.

Die Behauptung, man darf für sich selbst nicht pendeln, Karten legen oder hellsehen, entbehrt jeglicher Grundlage.

Wahr ist lediglich, daß, wenn es um das eigene Schicksal geht, die emotionale Schwelle sehr hoch ist. Es ist erstaunlicherweise nicht immer einfach, sich selbst gegenüber offen und ehrlich zu sein.

Hellsehen mit der Pyramide

Die Förderung der Paraeigenschaften durch die Pyramide ermöglicht jedem den Blick in die Zukunft und kann so manchen Besuch beim Hellseher überflüssig machen.

Setzen Sie sich einfach in entspanntem Zustand neben die Pyramide und lassen die Gedanken "durchlaufen". Nach einer Weile werden sich bestimmte Themen in den Vordergrund drängen.

Versuchen Sie diesen Themen den Gefühlswert zu nehmen; betrachten Sie das Thema ohne Wut, Verzweiflung oder Resignation. Der eigene Wille oder schlichtes Wunschdenken sind ebenfalls Störfaktoren, die ausgegrenzt werden müssen.

Das Thema oder Problem wird dann rasch weiterlaufen und sich in unterschiedlichen Variationen präsentieren. Können Sie den entspannten Zustand beibehalten, so ergibt sich meist eine Auflösung für das betreffende Problem, oder es wird zumindest entschärft.

Sie werden erstaunt sein, wie oft sich diese Projektionen in der Realität wiederholen, Sie also Ihre Zukunft vorausgesehen haben!

Im Gegensatz zum "überlegten Nachdenken" über ein Problem wird bei dieser Methode die Lösung oft plötzlich und in bildhaften Vergleichen präsentiert.

Besonders interessant sind die echten Durchbrüche in die Zukunft. Es entstehen spontan Eindrücke, die völlig losgelöst sind von der gegenwärtigen Situation. Erst Ereignisse, die nach Monaten, manchmal nach Jahren stattfinden, lassen den Zusammenhang mit dem Traumbild oder dem hellsichtigen Eindruck erkennen.

Dieses Hellsehen in reinster Form ist relativ selten - und seine Interpretation ist oft sehr schwierig. Auf diese Weise erhaltene Informationen können für den Einzelnen lebenswichtig sein, etwa dann, wenn eine Gefahr für die Gesundheit oder ein Unfall rechtzeitig vorhergesehen werden.

Auch für andere Bereiche, im Beruf, beim Glücksspiel, geschäftlich oder in Partnerangelegenheiten ergeben sich erhebliche Vorteile durch den Einsatz des Parasinns. Eine ausführliche Auseinandersetzung mit diesem Thema lohnt sich für jeden, da mit Hilfe der Pyramidenenergie auch durchschnittliche Parabegabungen zu brauchbaren Ergebnissen führen.

Hellsehen - ein Zeitphänomen oder unbewußt angewandte Statistik?

Das Hellsehen in die Zukunft ergibt zeitliche Paradoxa und Ungereimtheiten, die sprachlich nicht ausgedrückt werden können.

Findet ein Ereignis deshalb statt, weil man es voraussagt? Oder weil alle Ereignisse bereits festgelegt sind, beim Hellsehen deshalb in der Zukunft geblättert werden kann wie in einem Buch ?

Oder gibt es mehrere Möglichkeiten der Zukunft, und man muß nur die richtige herausfinden?

Viele Voraussagen sind statistisch begründet: Bei der weiten Verbreitung von Herzerkrankungen ist die zeitlich unbestimmte Vorhersage eines Herztodes im Bereich der Verwandten keine besondere Leistung.

Ebenso ist es nicht hellsichtig, wenn allgemein ein Unfall vorausgesagt wird, da auch dies ein sehr häufiges Ereignis ist.

Manche Voraussagen, die sehr verblüffend und sogar personenspezifisch sind, können in der Art eines "Analogrechners" durchgeführt werden.

Man hat beispielsweise folgende Informationen über eine Person: männlich, promiskuitös, bisexuell, neigt zu unbedachten Handlungen, Kontakte zu Drogenabhängigen, lebt in einer Großstadt.

Es ergibt sich das Bild einer etwas locker lebenden, risikofreudigen Person - im Zusammenhang mit den Informationen über den sexuellen Bereich also ein potentieller AIDS-Anwärter. Eine entsprechende Vorhersage wäre nicht hellsichtig, sondern lediglich aus den bekannten Punkten hochgerechnet. Im übrigen sollte eine derartige Aussage nur unter Vorbehalt gemacht werden.

Beim gewerblichen Hellsehen ist es leider üblich, sehr viele negative Ereignisse vorherzusagen, um beim Kunden einen möglichst starken Eindruck zu hinterlassen.

Diese Vorhersagen sind nicht nur unnütz, sondern auch gefährlich. Besonders sensible Kunden werden dem angeblichen Unfall- oder sogar Todestag mit Schaudern entgegensehen und dann häufig, aus reiner Nervosität, an diesem Tag auch einen Unfall verursachen. Ein typisches Beispiel für eine sich selbst erfüllende Prophezeiung.

Ähnliches gilt für die Vorhersage von Ehescheidungen oder gesundheitlichen Problemen. Zum einen kann eine solche Aussage nicht mit Sicherheit gemacht werden, zum anderen ist die Aussage an sich wertlos, wenn dagegen sowieso nichts unternommen werden kann.

Wenn also Zukunftswege - und es sind immer mehrere möglich - aufgezeigt werden, dann soll die Information sinnvoll und verwertbar sein.

Wenn eine Krankheit "im Busch" ist, parapsychologisch oder auf andere Weise vorhergefühlt wird, dann ist dies nicht ein unabwendbares Schicksal, sondern "eine" mögliche Zukunft, die sich durch Heilmaßnahmen, Änderung der Lebensweise, rechtzeitige Operation etc. abwenden läßt. Eine solche Parainformation wird dem Menschen nützen - alles andere ist sinnlose Panikmacherei.

Beliebt ist auch die Vorhersage des Lottogewinnes; dem Kunden wird noch ein Bonbon mit auf den Weg gegeben. An sich ist an einer solchen Aussage nichts Unseriöses, da die meisten Menschen im Laufe ihres Leben mindestens einen größeren Glücksfall erleben. Weshalb sollte man durch die Vorhersage nicht eine entsprechende Vorfreude auslösen ?

Problematischer wird es, wenn es um die Zahlen selbst geht. Hier sind die meisten Hellseher überfordert und werden vom Kundenwunsch regelrecht an die Wand gedrückt.

Ein Hellseher, der offen zugibt, daß er keine Lottozahlen vorhersehen kann, war die längste Zeit erfolgreich. Soll man nun Hellseher oder Kunden dafür verantwortlich machen, daß es in diesem Bereich selten klappt ?

Allgemein gilt im Geschäftsleben, daß eine gewisse Relation von Ware und Preis vorhanden ist. Wer für 500 DM ein Auto kauft, wird nicht erwarten, daß er einen brandneuen Mercedes bekommt.

Im Parageschäft gilt dasselbe, und man ist als Kunde gut beraten, mit der Forderung nach den Zahlen zurückhaltend zu sein. Ist der Gewinn als markantes Ereignis in der Zukunft enthalten, wird der Hellseher selbst darauf zu sprechen kommen und eventuell auch Zahlen nennen, um das Glück etwas zu forcieren.

Geht es nicht um persönliche, das ganze Leben gültige Glückszahlen, sondern um reine Gewinnzahlen, z.B. für die Ziehung am nächsten Wochenende, so sollte man sich nicht dazu verleiten lassen, diesen angeblich todsicheren Tip zu kaufen. Sind die Zahlen wirklich brauchbar, wird sie der Wahrsager selber spielen und nicht verkaufen!

Wenn Sie nun um die Hoffnung ärmer sind, die begehrten Lottozahlen einfach zu kaufen, so trösten Sie sich damit, daß Wahrsager auch privat Schwierigkeiten haben, ihre Begabung auf den Glücksspielbereich zu lenken.

Vor einigen Jahren konnte im Deutschen Fernsehen eine bekannte Wahrsagerin bewundert werden, wie sie magische Beeinflussungen, offensichtlich mit großem Erfolg, durchführte. Deprimierend war es dann, zu sehen, wie dieselbe Frau beim Roulett erhebliche Verluste erlitt. War den magischen Kräften eine deutliche Grenze gesetzt oder hatte sie ihre Energie schon bei den Beschwörungen und Beeinflussungen verloren ?

Zusammenfassend kann gesagt werden: der Hellseher, der im

Glücksspielbereich wirklich erfolgreich ist, wird sehr bald aufhören, seinen Klienten die Zukunft vorauszusagen - und sich ganz auf diese lukrative Einnahmequelle konzentrieren.

Die anderen, beim Glücksspiel weniger treffsicheren Wahrsager sollten besser darauf verzichten, ihren Kunden unbrauchbare Zahlen zu verkaufen.

Wie funktioniert "Hellsehen" ?

Eine oft gestellte Frage, die leider nicht mit einer schlüssigen Theorie beantwortet werden kann. Auch die Anleitungen zum Hellsehen können nur Empfehlung sein, die jeder für sich selbst ausprobieren und testen muß.

Die Begabung zum Hellsehen ist vermutlich bei den meisten Menschen vorhanden, und es ergeben sich im täglichen Leben immer wieder hellsichtige Eindrücke, ohne daß man sich dessen bewußt wird.

Viele Handlungen werden parapsychologisch gesteuert. Gerade bei Entscheidungen, die ohne ausreichende Informationen getroffen werden müssen, entscheidet man "intuitiv".

Diese Kraft wird durch die Pyramide gefördert und kann dadurch bewußter eingesetzt werden. Man muß allerdings lernen, hellsichtige Eindrücke zu erkennen, und vor allem richtig zu interpretieren.

Von einem Funktionieren beim Hellsehen kann deshalb genaugenommen nicht gesprochen werden; es gibt lediglich Abläufe, die in ähnlicher Form immer wieder auftreten oder auch willkürlich erzeugt werden und bei denen hellsichtige Eindrücke entstehen.

Der Ablauf ist individuell verschieden - es gibt aber zwei Grundformen.

Das bewußte Hellsehen kann wie bereits geschildert ablaufen. Die Eindrücke sind brauchbar, aber meist nur Verarbeitung und Auflösung von Problemen. Auf diesem Weg können auch gute Ideen für Beruf und Geschäft erhalten werden.

Die andere Form des Hellsehens tritt spontan, also ohne Vorbereitung oder Einstimmung, auf. Häufig liegt der Eindruck völlig außerhalb üblicher Vorstellungen und Gedanken.

Hierzu ein Beispiel:

Während dieses Buch entstand, war ich, verständlicherweise,

hauptsächlich mit dem Thema Pyramiden beschäftigt. Mit Verwunderung stellte ich deshalb fest, daß sich das Bild eines alten Kapitäns in mein Bewußtsein drängte. Besonders auffällig war ein großer Papagei auf den Schultern des Mannes.

Ich nahm diesen Eindruck recht deutlich auf und beschäftigte mich allen Ernstes mit der Frage, wie wohl die Jacke des Kapitäns nach einer gewissen Zeit aussehen würde; schließlich kann von einem Papagei kaum erwartet werden, daß er völlig stubenrein ist.

Als ich das Thema auch noch gedanklich zu variieren begann, war ich über mich selbst verwundert: was um alles in der Welt hatte dies mit den Pyramiden zu tun ?

Der unerklärbare, gedankliche Ausflug wurde von mir dann beiseite geschoben.

Einige Tage später landete eine weiße Taube direkt vor meinen Füßen. Das völlig erschöpfte Tier ließ sich bereitwillig einfangen und mit Futter versorgen. Schon am nächsten Tag saß die Taube auf meinen Schultern, und es trat prompt das hellsichtig bereits erkannte Problem auf.

Das geschilderte Ereignis läßt sich nicht statistisch oder als logische Folge bekannter Punkte interpretieren, es ist ein eindeutig paranormales Phänomen.

In der Praxis lassen sich paranormale Eindrücke, Lebenserfahrung, statistische Erkenntnisse und logische Kombinationen nicht immer auseinanderhalten. Dies ist an sich auch nicht so wichtig, wesentlich ist, daß ein Gefühl für die Zukunft entsteht und wichtige Dinge rechtzeitig erkannt werden.

Testen und trainieren Sie Ihren Parasinn

Der Siebte Sinn des Menschen entzieht sich weitgehend einer objektiven Beurteilung. Realisten lassen sich deshalb gern zu dem Trugschluß verleiten, es gäbe gar keinen Parasinn - Hellsichtigkeit oder Telepathie wären Einbildung und bestenfalls aus psychologischer Sicht interessant.

Tatsächlich ist es sehr schwierig, eine parapsychologische Begabung festzustellen und zu beweisen.

Die von den Professoren Rhine und Bender durchgeführten Tests konnten auf rein statistischer Basis nur Beweise in der Größenordnung von "Spurenelementen" bringen.

Diese Beweise werden gern angegriffen, erstaunlicherweise von beiden Seiten. Naturwissenschaftler stehen der Sache von vornherein skeptisch gegenüber, da sie das gesamte physikalische Weltbild ins Wanken bringen würde, Überzeugte Okkultisten messen dagegen den Tests geringen Wert bei, weil die nüchterne Laboratoriumsatmosphäre angeblich die positiven Schwingungen stört und damit nur Mißerfolge bringen kann.

Einige echte Medien, die getestet wurden, haben diese Vorurteile eindeutig widerlegt. In umfangreichen Testserien lieferten sie den Beweis für das Vorhandensein von PSI.

Inwieweit sind derartige Tests aussagekräftig und für die Praxis verwendbar ?

Bei genau eingehaltenen Versuchsbedingungen sind die verwendeten statistisch-mathematischen Modelle von hoher Aussagekraft. Es wurden Wahrscheinlichkeiten von eins zu einer Milliarde erreicht (!) oder, verständlicher ausgedrückt: um das Testergebnis rein zufällig entstehen zu lassen, wäre eine Milliarde Einzelversuche nötig.

Im Vergleich dazu: der zufällige "Sechser" im Lotto hat eine Wahrscheinlichkeit von "nur" rund 13 Millionen.

Zufall können also diese mehrfach im Labor erhaltenen Testergebnisse nicht gewesen sein.

Ein weiteres Kriterium für einen wissenschaftlichen Beweis ist die Wiederholbarkeit, und hier hapert es leider deutlich. Selbst besonders Sensitive sind nicht imstande, zu jeder beliebigen Zeit ihre PSI-Fähigkeiten zu demonstrieren.

Die oft gestellte Forderung nach dem öffentlichen Beweis, auf einer Bühne etwa, sollte einem sensiblen Medium nicht zugemutet werden. Wenn dies auf Druck der Öffentlichkeit dennoch geschieht, ist die Versuchung groß, zu manipulieren, und es gibt hierfür leider genügend Beispiele.

Wer selbst begabt ist, kennt die Imponderabilien, denen Parafähigkeiten unterworfen sind.

Das typische Beispiel, daß jemand zufällig in den eigenen Gedanken auftaucht und wenige Minuten danach von diesem Jemand ein Anruf kommt, läuft spontan ab.

Der geplante Ablauf, d.h. man wünscht sich, daß der Andere anruft, ist kaum durchführbar bzw. die Erfolgsquote ist sehr niedrig.

So überzeugend die persönlichen Beipiele von Gedankenübertragung auch sein mögen, sie sind mathematisch kaum erfaßbar und haben damit nur geringen statistischen Aussagewert.

Vieles von dem, was als Telepathie oder Hellsichtigkeit angesehen wird, ist leider reine Einbildung - auf der anderen Seite gibt es außergewöhnlich starke telepathische Verbindungen, ohne daß man sich dessen bewußt ist.

Wie kann man nun unterscheiden, ob eine echte Begabung oder nur Einbildung vorliegt ?

Die Antwort zu erhalten, ist einfach und schwierig zugleich. Die Unterscheidung ist durch die Anwendung von Testverfahren relativ leicht - dennoch aber schwierig, weil uneingeschränkte Ehrlichkeit gegenüber sich selbst und vor allem sehr viel Zeit nötig ist

Bei einer Testung darf keinesfalls manipuliert werden - unsauberes Arbeiten oder gar ein bißchen Schwindeln verfälscht die Ergebnisse; die Aussagen sind unbrauchbar.

Die Sicherheit der durch einen statistischen Test möglichen Aussage ist von der Anzahl der Testserien abhängig. Werden zahlreiche Tests durchgeführt, ist die Sicherheit hoch. Bei nur wenigen Tests hat selbst ein gutes Ergebnis keine Aussagekraft.

So paradox es klingt: ein einziger Sechser im Lotto hat statistisch weniger Bedeutung, als wenn 20 mal hintereinander 4 Richtige vorausgesagt werden!

Der Sechser kann reiner Zufall sein; die Wahrscheinlichkeit für 20 Vierer hintereinander ist dagegen statistisch hochsignifikant und läßt auf eine gleichmäßig gute parapsychologische Begabung schließen.

Der Schluß, daß ein Sechser besser ist als 20 Vierer, wäre voreilig: Wer in der Lage ist, durchschnittlich 4 Richtige für jede Ziehung vorauszusagen, würde, selbst bei geringem Einsatz, mühelos mehrere Sechser pro Jahr erzielen.

Viele Leser dieses Buches werden das Kapitel Paratest nur anlesen und beim Auftauchen der Begriffe Statistik - Mathematik etc. schnell weiterblättern.

Der große Unwillen parapsychologisch interessierter Menschen gegenüber logischem Arbeiten im Okkultbereich ist immer wieder zu beobachten. Es ist leider ein altes Vorurteil, daß sich Sensitivität und Logik nicht kombinieren lassen. Dabei ist es gerade die Kombination von realistisch-logischen Überlegungen mit Paraeindrücken, die durchschlagende Erfolge bringt.

Aus diesem Grund kann ich die folgenden Test- und Trainingsmethoden nur empfehlen. Wer sich ein realistisches Bild über seine Begabungen machen und sie vervollkommnen möchte, wird um diese Verfahren nicht herumkommen.

Zugegeben, es kann zuweilen ermüdend sein, 50 oder 100 Karten hinsichtlich ihrer Farbe durchzupendeln oder sich einen Abend lang abzumühen, welche Karte der Telepathiepartner gerade in der Hand hält. Aber nur durch diese Tests ist neben der realistischen Einschätzung auch die Möglichkeit der Vervollkommnung gegeben.

Falsche Vorstellungen oder Techniken zeigen sich sofort an den Ergebnissen. Man korrigiert, verbessert, und schließlich erhält man nach einigen Monaten einen in der Praxis anwendbaren und reichen Gewinn bringenden Parasinn.

Paratest

Ein sehr einfach durchführbarer Test für Telepathie, Hellsehen sowie Präkognition (Vorherwissen) läßt sich mit ganz normalen Spielkarten durchführen.

Benötigt werden dazu möglichst neue Spielkarten und ein Kontrollbogen.
(Der Kontrollbogen ist im Buch abgedruckt; Sie können ihn für private Zwecke beliebig oft kopieren.)

Aus den Karten werden für den Test je 10 rote und 10 schwarze Karten entnommen. Die Karten werden gut gemischt.

Telepathietest: Der Versuchsleiter (Ihr Gegenüber) hebt die oberste Karte ab und betrachtet sie. Sie selbst versuchen nun die Kartenfarbe - rot oder schwarz - telepathisch zu erkennen. Markieren Sie den Tip auf dem Protokollbogen durch ein Kreuz in der entsprechenden Spalte (r steht für rot, s für schwarz).

Dieser Vorgang wiederholt sich insgesamt 10 mal.
Durch einen Querstrich auf dem Protokollbogen wird das Ende der Serie gekennzeichnet.

Dann vergleichen Sie Ihre "geratenen Karten" mit den tatsächlichen Karten und kreuzen die Treffer an.

Nach erneutem Mischen kann der nächste Durchgang beginnen.

Der aus 200 Einzelversuchen bestehende Bogen kann in mehrere Versuchsserien (z.B. an verschiedenen Tagen) unterteilt werden.

Die Auswertung ist recht einfach:
Es sind 10 Karten pro Durchgang oder Serie, durchschnittlich sind darin 5 rote und 5 schwarze Karten enthalten.

Wird nur "schwarz" angekreuzt, so ergibt sich auf längere Sicht eine Trefferquote von 50 %.

Dies ist das normale und damit statistisch unbedeutende Ergebnis. Interessant wird es, wenn 6 oder 7 Karten richtig geraten werden. Mit der Methode "immer nur schwarz" wird sich dieses Ergebnis nicht erzielen lassen.

Sie müssen also neben den statistisch sowieso eintreffenden richtigen Aussagen mindestens eine Karte pro Durchgang zusätzlich herausfinden, um einen positiven Überhang zu erzeugen.

Eine Karte, das klingt sehr einfach. Sie werden aber feststellen, daß es bei 100 Karten (10 Serien) doch recht schwierig ist, 55 oder 60 Richtige zu erzielen!

Bei einer Testung können sehr unterschiedliche Ergebnisse erhalten werden; nur 30 oder aber auch 80 Richtige können auf 100 Karten kommen.

Lassen Sie sich durch ein schlechtes Ergebnis nicht entmutigen und durch ein sehr gutes nicht zum Leichtsinn verführen - was zählt, ist die Dauerleistung: Erst bei 500 oder 1000 Kartentests zeichnen sich aussagekräftige Ergebnisse ab.

(Die Auswertungstabelle finden Sie am Ende des Kapitels)

Beim Hellsehtest geht man ähnlich vor. Die gemischten Karten werden aufgelegt, und man versucht herauszufinden, welche Farbe die entsprechende Karte hat. Anschließend wird aufgedeckt und das Ergebnis verglichen.

Beim Test auf Präkognition wird die vermutete Reihenfolge der

Karten notiert; erst dann (!) wird gemischt, die Karten aufgelegt und verglichen. Die Anordnung roter und schwarzer Karten muß bereits vor dem Mischen herausgefunden werden - also ein echter Blick in die Zukunft.

Außer beim Telepathietest kann alleine experimentiert werden. Die Technik, mit der die richtige Farbe herausgefunden wird, ist egal. Es kann gependelt oder mit der Wünschelrute abgefragt werden, man kann eine Kristallkugel verwenden oder einfach nur gedanklich die Karten herausfinden.

Ein zum Gähnen langweiliges Testverfahren ohne praktischen Wert ?

Mitnichten - wer die richtigen Karten herausbekommt, kann dies auch in anderen Bereichen anwenden. Als einfachstes Beispiel sei das Setzen auf Farben (rouge - noir) beim Roulett genannt. Außerdem, wer die Kartenfarbe richtig rät, kann nach einiger Zeit auch den Kartenwert, bzw. die Bilder oder Zahlen auf der Karte, herausbekommen - wozu sich diese Fähigkeit dann verwenden läßt, braucht nicht extra erläutert zu werden!

Auswertung

Eine Auswertung und dadurch realistische Einschätzung der Parafähigkeit ist erst nach mindestens 100 Karten sinnvoll. Besser sind jedoch 500 oder 1000 Versuche.

PSI - Test
Tabelle zum Eintragen von Karte/Tip/Treffer

Tip		Karte		Treffer	Tip		Karte		Treffer	Tip		Karte		Treffer	Tip		Karte		Treffer
r	s	r	s		r	s	r	s		r	s	r	s		r	s	r	s	

PSI - Test
Tabelle zur Ermittlung von Umfang und Qualität einer Parafähigkeit

Versuche	sehr gut	gut	mäßig	keine	mäßig	gut	sehr gut
100	0 - 40	41 - 45	46 - 48	49 - 51	52 - 54	55 - 59	60 - 100
200	0 - 80	81 - 90	91 - 96	97 - 103	104 - 109	110 - 119	120 - 200
300	0 - 120	121 - 135	136 - 144	145 - 155	156 - 164	165 - 179	180 - 300
400	0 - 160	161 - 180	181 - 192	193 - 207	208 - 219	220 - 239	240 - 400
500	0 - 200	201 - 225	226 - 240	241 - 259	260 - 274	275 - 299	300 - 500
600	0 - 240	241 - 270	271 - 288	289 - 311	312 - 329	330 - 359	360 - 600
700	0 - 280	281 - 315	316 - 336	337 - 363	364 - 384	385 - 419	420 - 700
800	0 - 320	321 - 360	361 - 384	385 - 415	416 - 439	440 - 479	480 - 800
900	0 - 360	361 - 405	406 - 432	433 - 467	468 - 494	495 - 539	540 - 900
1000	0 - 400	401 - 450	451 - 480	481 - 519	520 - 549	550 - 599	600 - 1000
1100	0 - 440	441 - 495	496 - 528	529 - 571	572 - 604	605 - 659	660 - 1100
1200	0 - 480	481 - 540	541 - 576	577 - 623	624 - 659	660 - 719	720 - 1200
1300	0 - 520	521 - 585	586 - 624	625 - 675	676 - 714	715 - 779	780 - 1300
1400	0 - 560	561 - 630	631 - 672	673 - 727	728 - 769	770 - 839	840 - 1400
1500	0 - 600	601 - 675	676 - 720	721 - 779	780 - 824	825 - 899	900 - 1500
1600	0 - 640	641 - 720	721 - 768	769 - 831	832 - 879	880 - 959	960 - 1600
1700	0 - 680	681 - 765	766 - 816	817 - 883	884 - 934	935 - 1019	1020 - 1700
1800	0 - 720	721 - 810	811 - 864	865 - 935	936 - 989	990 - 1079	1080 - 1800
1900	0 - 760	761 - 855	856 - 912	913 - 987	988 - 1044	1045 - 1139	1140 - 1900
2000	0 - 800	801 - 900	901 - 960	961 - 1039	1040 - 1099	1100 - 1199	1200 - 2000

Das telepathische Netz

Sicher ist es Ihnen schon genauso ergangen: man geht ein paar Besorgungen machen, und plötzlich denkt man über eine bestimmte Person nach - über einen Schulfreund oder alten Bekannten. Wenige Minuten später begegnet man eben dieser Person.

Zufall ?

Viele Menschen können aus eigener Erfahrung über derartige Para-Anekdoten berichten, und die Häufung dieser Ereignisse kann kein Zufall sein.

Nur - wirklich beweiskräftig sind diese Ereignisse nicht.

Wie groß ist die statistische Wahrscheinlichkeit, an eine bestimmte Person zu denken und sie wenig später "zufällig" zu treffen ?

Präzise Aussagen erlauben die auf Seite 234 beschriebenen Testverfahren. Bei diesen Tests kann eine hohe parapsychologische Sensibilität erkannt und ausgewertet werden.

Obwohl es dabei um recht unwichtige Dinge, wie das Erkennen einer Farbe auf telepathischem oder hellsichtigem Wege geht, zeichnen sich bei den meisten Menschen, die diese Tests machen, Fähigkeiten im Parabereich ab.

Die internationale Paraforschung registrierte an zahlreichen Testpersonen diese Phänomene genauer und kam zu dem Schluß, daß fast jeder Mensch zur Telepathie befähigt ist.

Einige besonders Sensitive sind sogar in der Lage, über einen längeren Zeitraum hinweg Paraleistungen zu zeigen, die als überzeugende (hochsignifikante) statistische Beweise für das Vorhandensein von Psi anerkannt werden.

Zur allgemeinen Zufriedenheit enden an dieser Stelle die Aussagen der Forscher.

Was aber bedeutet es, wenn bereits die telepathische Übertragung von unwichtigen Dingen, wie beispielsweise der Farbe einer Spielkarte oder einer Zeichnung, möglich und statistisch nachweisbar ist?

Die Frage klingt sehr harmlos, sie ist aber bei näherer Betrachtung hochbrisant!

Muß man nicht annehmen, daß die relativ niedrigen Trefferquoten bei der Übertragung von unbedeutenden Symbolen im Labor nur die Spitze des Eisbergs darstellen? Daß wichtige Gedanken und tiefgehende Gefühle zwischen nahen Verwandten in erheblich größerem Umfang übertragen werden und nicht nur vom Wachbewußtsein, sondern auch vom Unbewußten aufgenommen werden?

In zahlreichen Beratungen wurde mir diese Frage regelrecht aufgedrängt, und das wissenschaftliche Kuriosum Telepathie entpuppte sich als ein Phänomen, dessen Bedeutung vielfach unterschätzt wird.

Nur wer selbst über ausreichende telepathische Fähigkeiten verfügt und entsprechende Erlebnisse hatte, wird die folgenden Zeilen verstehen können - die anderen Leser werden es für Para-fiktion halten und können sich schlaflose Nächte ersparen, wenn sie das folgende Kapitel schlicht "überlesen".

Übertragene Gedanken und ihre Wirkung

Alle telepathisch begabten Menschen sind durch ein Netz verbunden, aber auch in ihm gefangen, und übermitteln sich ständig gegenseitig Wünsche, Vorstellungen und Gefühle.

Je enger die Beziehung, desto stärker ist im allgemeinen auch die telepathische Verbindung.

Bei besonderen Ereignissen, wie etwa bei Todesfällen, durchbricht diese Fähigkeit auch bei ansonsten wenig sensiblen Menschen die Schranken des Unbewußten, und es kann, auf weite Entfernungen hinweg, beispielsweise der Tod eines geliebten Menschen gespürt werden.

Aber auch fremde Personen, insbesondere wenn bei ihnen diese Fähigkeiten verstärkt sind, können sich in die Gedanken und Gefühlswelt einschalten.

Soweit die untereinander verbundenen Personen "positiv" sind, ist dies von gegenseitigem Vorteil. Informationen werden ausgetauscht, man hat Teil an der Freude des anderen oder hilft sich gegenseitig, Leid oder Krankheit zu ertragen.

Problematisch wird es, wenn in diesem telepathischen Netz Personen miteinander verbunden sind, die sich ablehnen, sich gegenseitig hemmen oder schaden wollen. Dies kann durchaus auch im engsten Familienkreis der Fall sein. Hierzu ein Beispiel aus der Praxis:

Telepathisch auf Versagen programmiert

Eine junge Frau hat trotz guter persönlicher Anlagen keine Chance, sich beruflich weiterzuentwickeln. Obwohl sie gute Zeugnisse vorlegt und ein sympathisches Äußeres hat, erhält sie auf jedes Bewerbungsgespräch eine deprimierende Absage.

Die psychologische Schulung des Arbeitsamtes, die auch auf das Einstellungsgespräch vorbereitet, hatte keinen Erfolg; weiterhin Absagen !

Auffällig ist die hohe Sensibilität der Frau. Während der Schulzeit war dies aufgrund des relativ schwachen Konkurrenzdruckes nicht so wichtig. Jetzt aber, im harten Berufsleben, wo jeder nur für sich kämpft, war sie hilflos. Eine moralische Unterstützung durch Verwandte erhielt sie nicht - im Gegenteil !

Wie sich herausstellte, zogen mehrere Personen einen Vorteil aus der mißlichen Situation der Frau. Insbesondere der eigenen Schwester waren die Fehlschläge nicht unwillkommen.

Nach jedem gescheiterten Versuch konnte sie mit tiefer Befriedigung ihr "wie gut, daß ich schon Beamtin bin" loswerden.

Gedanklich war also die Schwester nicht auf seiten der Frau, sondern versuchte eher deren Selbstbewußtsein zu mindern.

Diese Gedanken übertrugen sich telepathisch auf die Frau, die in parapsychologischer Hinsicht "offen wie ein Fenster" war, und verstärkten die bereits vorhandenen beruflichen Schwierigkeiten.

Ein einfaches, aber leider nicht seltenes Beispiel, wie sich Telepathie im Familienkreis auswirken kann.

Erkennen und Abwehr von Beeinflussungen

Durch das Erkennen des "negativen Senders" ist bereits der erste Schritt zur Lösung des Problems getan.

Hierzu wiederum ein Beispiel aus der Praxis:

Eine schon etwas ältere Frau besuchte zusammen mit einer Freundin ein Konzert. In der Pause ergibt sich zufällig ein Gespräch mit einem seriösen Herrn. Die Frau ertappt sich dabei, wie sie ein völlig nichtssagendes, fast beleidigendes Gespräch mit dem Herrn führt, worauf sich dieser brüskiert abwendet.

Wenig später lernt die Frau wieder jemanden kennen, verpatzt aber die Gelegenheit erneut durch ihr seltsames Verhalten.

Ähnliche Ereignisse folgen.

"Ich könnte mir selbst die Zunge abbeißen, wie kann ich nur immer einen solchen Unsinn daherreden! Dabei suche ich doch schon lange nach einem neuen Lebenspartner", charakterisiert die Frau ihre Situation.

Es fällt auf, daß bei den enttäuschenden Ereignissen die Freundin immer dabei war.

Zufall ?

Welches Interesse könnte die Freundin daran haben, jede Annäherung eines Mannes zu unterbinden ?

Nun, aus der Situation der Freundin ist klar erkennbar, daß

sie sehr einsam ist und eigentlich nur ihre Bekannte hat.

Gedanklich sendet sie regelrecht "Schockwellen" aus, wenn ein Mann in die Nähe ihrer Freundin kommt. Dieser konzentrierte Para-Angriff bringt die Frau schließlich so aus dem seelischen Gleichgewicht, daß sie sich den interessierten Männern gegenüber abweisend verhält.

Der Erfolg, bzw. ein wirkliches Kennenlernen, bleibt dementsprechend aus.

Im geschilderten Fall gelingt es der Frau, sich vom Einfluß der Freundin freizumachen, indem sie die Kontakte stark einschränkt. Schließlich, als sie ihre Freundin mit einem neuen Bekannten konfrontieren kann, fällt der telepathische Zwang ganz von ihr ab - sie ist wieder frei!

Im Beispiel ist die Situation relativ einfach, da sich die Fehlschläge immer im Zusammenhang mit einer bestimmten Person ereignen.

Im allgemeinen ist es jedoch etwas komplizierter den "Negativsender" zu erkennen und es ist sorgfältiges und klares Überlegen notwendig. Ein Verdacht allein genügt nicht und stiftet nur noch mehr Unheil.

Wenn mehrere Fehlschläge ohne erkennbaren Grund stattgefunden haben, sollte man zunächst kritisch hinterfragen, für wen diese Fehlschläge einen Vorteil bringen oder wer sich darüber freuen könnte.

Dann muß die Möglichkeit des telepathischen Kontakts geprüft werden: ist man selbst überhaupt empfänglich für die Übertragung von Gedanken und Gefühlen und - verfügt die andere Person über entsprechende Fähigkeiten ?

Erst wenn zweifelsfrei feststeht, daß ein telepathischer Übergriff stattfindet, sind personenbezogene Maßnahmen sinnvoll.

Die Abwehr muß nun individuell gestaltet werden, da ja auch die Angriffe von unterschiedlicher Natur sind.

Zunächst ist es nötig, daß ein räumlicher Abstand entsteht und die beeinflussende Person nicht direkt über eigene Unternehmungen informiert wird.

Telepathisch kann eine mögliche Aktivität, beispielsweise die Planung einer Reise, auch übertragen werden, jedoch meist nur als Gefühlswert. Der Gegenüber spürt, daß eine Veränderung beabsichtigt ist und reagiert mit Unsicherheit oder dementsprechenden Fragen.

Dadurch, daß man unvermittelt auf ein Thema angesprochen wird, von dem der andere unmöglich etwas wissen kann, ist man häufig so irritiert, daß man mehr sagt, als gut ist.

Seien Sie also darauf vorbereitet und wiegeln Sie mit allgemeinen Floskeln ab!

Schutz durch die Pyramide

Zusätzlich sind bestimmte geistige Übungen und Vorstellungen nötig, um sich dem Bannkreis zu entziehen.

Im direkten Kontakt mit der beeinflussenden Person ist es eine Frage des Selbsbewußtseins, wie man auf entsprechende Anfechtungen reagiert.

Häufig ist es leider so, daß man gerade gegenüber diesen Personen bereits sehr gehemmt und verunsichert ist und völlig hilflos regiert.

Oder, wenn daß Faß am Überlaufen ist, unangemessen harte, beleidigende und aggressive Reaktionen zeigt.

Es hilft eventuell, vorhersehbare Situationen vor dem Spiegel oder mit anderen Personen zu trainieren, um entsprechend gewappnet zu sein.

In den meisten Fällen wird es jedoch am besten sein, den Kontakt solange zu meiden, bis man sich persönlich sicherer fühlt.

In diesem Bereich ist übrigens eine Unterscheidung zwischen einem grundlegenden Mangel an Selbstbewußtsein und einer telepathischen Beeinflussung nicht möglich. Zweifellos darf aber nicht immer nur ein telepathischer Hintergrund für dieses Problem gesehen werden.

Trotz der überzeugenden Nachweise telepathischer Verbindungen ist noch keine eindeutige Theorie für deren Zustandekommen gefunden worden.

Eine brauchbare Vorstellung ist jedoch der Vergleich mit einer Telefonverbindung. Beide "Partner" können sich gegenseitig "anwählen", indem sie ihre Gedanken entsprechend ausrichten.

Wird man selbst "angewählt", so sind plötzlich ohne erkennbaren Grund Eindrücke vorhanden, die im Zusammenhang mit der betreffenden Person und dem damit verbundenen Problem stehen.

Man fängt an, erneut darüber nachzudenken, obwohl das Problem bekannt und geistig meist schon viele Male diskutiert wurde. An dieser Stelle erst beginnt die Möglichkeit, beeinflußt zu werden:

Die Gedanken drehen sich wie ein Karussell im Kreis, und um die scheinbare Ausweglosigkeit zu überwinden, verändert man seinen Standpunkt immer mehr in die vom Gegner gewünschte Richtung.

Hält der Einfluß entsprechend lange an, wird man regelrecht "umgedreht".

Aus der ursprünglich eindeutigen Ablehnung eines Kreditwunsches wird dann die "unfreiwillige", aber dennoch erfolgende Geldübergabe.

Ein Partner, den man absolut nicht mag, nistet sich plötzlich in der eigenen Wohnung ein, und man hat nicht den Mut und die Kraft, ihn wieder loszuwerden.

Man nimmt sich fest vor, einem Widersacher die Meinung zu sagen, aber je näher die entsprechende Gelegenheit rückt, desto mehr schmilzt der eigene Wille dahin, bis man schließlich resigniert oder sogar die Vorstellungen und Ziele des Gegenüber für gut heißt.

>> Wichtig ist in diesem Zusammenhang, daß parapsychologische Effekte wissenschaftlich noch nicht anerkannt sind und dementsprechend auch nicht bei Behörden oder Gerichten als Argument benützt werden können.

Wenn die Unterschrift für eine Bürgschaft gegeben wird, so kann man diese Unterschrift nicht wegen telepathischer Beeinflussung rückgängig machen.

Schon allein aus diesem Grund ist es wichtig, sich gegen derartige Einflüsse zu schützen und möglicherweise telepathisch aufgezwungene Fehlhandlungen zu vermeiden.

Wie soll man sich nun verhalten, wenn ein "telepathischer Anruf" kommt ?

Der entscheidende und immer wieder gemachte Fehler besteht darin, das "Gespräch" anzunehmen; die eindeutig beste Abwehr ist, sofort "aufzulegen".
Bekommt der Gegner die Möglichkeit, auch nur einige Worte zu wechseln, hat er, ähnlich einem aufdringlichen Staubsaugervertreter, schon den Fuß in der Tür!
Die einfache Reaktion, des Nichtannehmens hat, so überraschend dies vielleicht klingen mag, tatsächlich die beste Wirkung.
Wird jeder Gedanke an den Gegner rigoros verdrängt, so schwindet sein Einfluß deutlich. Nach einem gewissen Zeitraum, im allgemeinen nach ein bis zwei Monaten, wird man den eigenen Standpunkt durchsetzen können oder zumindset nicht an Boden verlieren.
Bleibt anzumerken, daß es sich bei telepathischen Beeinflussungen meist um lange bestehende und sattsam bekannte Probleme handelt. Die Hintergründe sind oft beleuchtet und besprochen worden; das telepathische Zwiegespräch würde also keine neuen Fakten bringen, sondern lediglich dem Gegenüber die Durchsetzung seiner eigenen Vorstellungen erleichtern.

Gelingt das Abhängen des telepathischen Telefons nicht sofort, so sucht man sich am besten eine ablenkende Tätigkeit.
Auch dies ist eine probate Methode, um den Einflüssen zu entgehen.
Findet der Kontakt abends vor dem Einschlafen statt, so versucht man, sich auf ein anderes, angenehmes Thema, wie eine Urlaubsreise, oder das Kennenlernen eines sympathischen Partners etc. zu konzentrieren.

Als besonders starkes Abwehrmittel haben sich versilberte Pyramiden erwiesen. Allein der Anblick dieser Pyramiden kann einen so starken Impuls erzeugen, daß telepathische Zwänge von selbst aufhören!

Durch die Konzentration auf diese Pyramide wird nicht nur der perönliche Schutzschirm verstärkt, sondern es entsteht sogar ein aktives telepathisches Potential: man wird nicht mehr beeinflußt, sondern hat die Möglichkeit, selbst zu beeinflussen!

Telepathische Beeinflussungen spielen sicher in vielen Bereichen des Lebens eine wichtige Rolle: bei Geschäft und Beruf, bei Partnerschaften.

Aber - nicht jeder Fehlschlag ist darauf zurückzuführen!

Man muß sich davor hüten, allzu voreilig telepathische Einflüsse für Fehlschläge verantwortlich zu machen.

Zuerst, und dies gilt für alle Para-Phänomene, sollte nach einfachen, natürlichen Erklärungen gesucht werden.

Erst wenn diese Möglichkeiten mit Sicherheit ausgeschlossen werden können, ist es sinnvoll parapsychologische Erklärung zu verwenden.

Aus telepathischen Kontakten können sich für besonders sensitive Personen Probleme ergeben, die von den etablierten Wissenschaften, insbesondere der Psychologie, schlichtweg übersehen werden.

Wer argwöhnt, leicht beeinflußbar zu sein, kann dies durch einen Psi-Test recht einfach feststellen: werden deutlich überdurchschnittliche Ergebnisse erzielt, ist die Wahrscheinlichkeit für das Vorhandensein telepathischer Kontakte hoch.

Anhand bestimmter Ereignisse und Erfahrungen läßt sich außerdem klären, ob man selbst beeinflußt, oder beeinflußt wird.

Ist die Sensitivität stark schwankend, so daß die Testergebnisse sehr unterschiedlich ausfallen, verstärkt man vorbeugend seine Psi-Fähigkeiten durch die Pyramide. Zeifellos kann die Anwendung dieses Rezepts unangenehme Ereignisse und Verluste verhindern helfen.

Die Silberpyramide
Eine perferkte Kombination von Form und Farbe - in ihrer parapsychologischen Wirkung unübertroffen

Per aspera ad astra - auf rauhen Wegen zum Licht. Dieses Leitmotiv gilt für uns alle. Oft sind aber die steinigen und rauhen Abschnitte des Lebenswegs astrologisch erkennbar und können vermieden werden. Wie Astrologie hilft, den richtigen Lebensweg zu finden, entnehmen Sie bitte der ausführlichen Beschreibung auf den letzten Seiten dieses Buches.

Diplomastrologin Margot Heintz

Partnerprobleme

Ob man nun AIDS als Strafe Gottes für zuviel sexuelle Freizügigkeit oder als Folge einer Unachtsamkeit in einem Laboratorium für bakteriologische Kriegsführung ansieht - die Auswirkung auf Partnerschaften zeichnet sich bereits deutlich ab.

Die Ängste betrogener Ehefrauen (oder Ehemänner) beschränken sich nicht mehr ausschließlich auf den Gefühlsbereich; jeder Seitensprung des Partners kann zu einer tödlichen Gefahr für das eigene Leben werden.

Den Argumentationen des "safer sex" sei die praktische Erfahrung gegenübergestellt: Präservative sind jedem bekannt, seit Jahren wird Aufklärung in den Schulen betrieben, und die Pille ist relativ leicht erhältlich, dennoch gibt es immer noch zahlreiche ungewollte Schwangerschaften!

Ähnliche Erfahrungen wird man mit Sicherheit bei der Verbreitung von AIDS machen.

Jedenfalls ist allein das Risiko einer AIDS-Erkrankung ein guter Grund, eine echte und dauerhafte Partnerschaft zu suchen oder eine bestehende kriselnde Ehe zu restaurieren.

Die Kontaktaufnahme

Als Lebensberater oder Astrologe wird man mit einer erschreckend großen Zahl von einsamen Menschen konfrontiert. Geschiedene Frauen, meist über vierzig, sind am zahlreichsten vertreten. Aber auch junge Männer, Akademiker oder gutaussehende, beruflich erfolgreiche Frauen haben Probleme, den richtigen Partner kennenzulernen.

Vorschläge, die zu Kontakten führen, wie Eintritt in einen Freizeitclub oder der Besuch eines Tanzlokals, werden als "völlig unmöglich" zurückgewiesen.

Eine Zeitungsanzeige wäre akzeptabler, wenn das Problem des Textes, der Abgabe bei der Zeitung und dann vor allem die "ersten fünf Minuten" mit der neuen Bekanntschaft nicht wären...

Dabei ist eine Annonce oft der einzig wirklich erfolgversprechende Weg aus der Einsamkeit.

Eine genaue Anleitung, wie Anzeigen zu formulieren sind, worauf bei der Partnersuche per Inserat geachtet werden muß, finden sich in dem Buch "Aktive Partnersuche per Inserat" von Linda und Rüdiger Drenk (Rororo-Verlag).

Erscheint die Möglichkeit des Kennenlernens über die Zeitung unpassend, so lassen sich bei etwas Flexibilität auch andere Kontaktmöglichkeiten finden: Wander- oder Freizeitclubs, Sportvereine, Veranstaltungen von Volkshochschulen, Kaffeefahrten, Reisen, Theater usw.

Der Hintergund für mangelnde Kontakte, sei es für eine intime Beziehung oder auch nur, um einen Gesprächspartner zu haben, ist jedoch selten die fehlende Möglichkeit des Kennenlernens. Die persönliche Einstellung, Hemmungen und Komplexe bauen unsichtbare Mauern auf. Kleine Fehlschläge werden zu unüberwindbaren Hindernissen für einen erneuten Versuch, und man drängt sich genaugenommen selbst ins "soziale Abseits".

Gespräche mit einem Psychotherapeuten, Arzt, oder einfach mit einer lebenserfahrenen Person können hier hilfreich sein. Wie die Praxis zeigt, ist bei vereinsamten Personen die Fähigkeit sich mitzuteilen, ebenfalls verkümmert, so daß "erlösende Gespräche" nur selten zustandekommen.

Über die Pyramidenmeditation kann das Selbstbewußtsein so weit aufgebaut werden, daß zumindest so viel Mut entwickelt wird, um sich einem Heilkundigen anzuvertrauen.

Ist dieser erste Schritt einmal getan, so ergeben sich wiederum neue Hinweise oder sogar Therapien, die aus dem Dilemma führen.

Bei den meisten Alleinstehenden ist eine Vorbereitung auf die Partnerschaft durch eine Therapie jedoch nicht nötig: Es genügt "umzupolen".

Sich nur einen Partner zu wünschen, reicht nicht aus, man muß sich in allen Lebensbereichen auf einen Partner einstellen.

Eine positive Ausstrahlung - der erste Schritt zum Erfolg

Neben den (hoffentlich) bekannten Möglichkeiten, sich für das andere Geschlecht optisch attraktiver zu machen, ist die "Ausstrahlung" von besonderer Bedeutung.

Es ist oft zu beobachten, daß Personen mit recht mittelmäßigem Aussehen überraschende Erfolge im Partnerbereich vorweisen können; das Geheimnis dieser Erfolge ist die persönliche Ausstrahlung.

Der innere Zustand eines Menschen wird durch Körperhaltung, Mimik und Sprache nach außen "übertragen". Hinzu kommen parapsychologische Komponenten, wie der entscheidende erste Blickkontakt und die darauf folgende berühmte "Liebe auf den ersten Blick".

Bei diesem, in Sekundenbruchteilen ablaufenden Augenkontakt sind oft mehr, und vor allem wichtigere Informationen enthalten als in einem mehrstündigen Gespräch. Wer kann schon unvorbereitet mit den Augen lügen ?

Vermutlich handelt es sich beim Augenkontakt um ein Paraphänomen: die beiden Seelen konferieren miteinander und fällen oft genug auch eine Entscheidung.

Ist der erste Blickkontakt negativ, lohnt es sich meist nicht mehr weiterzumachen, es sei denn, man sucht eine "synthetische Beziehung".

Wer einen möglichst reichen Partner haben möchte, wird auf die innere Stimme wenig Wert legen. Ebenso werden nur auf

Äußerlichkeiten programmierte Menschen auf "hübsche Lärvchen" oder Blender hereinfallen.

Eine gestärkte Intuition wird dagegen schon beim ersten flüchtigen Augenkontakt ein deutliches Signal auslösen.

In der Anfangsphase einer Bekanntschaft verzichtet man besser auf eine parapsychologische Beeinflussung des Partners: Das gewaltsame Zusammenbiegen zweier Schicksalswege ist sehr aufwendig und zudem selten von Erfolg gekrönt !

Sind bereits meditative Übungen mit der Pyramide im täglichen Programm, kann die neue Bekanntschaft miteinbezogen werden - es reicht dabei völlig aus, in positiver Weise über den Partner nachzudenken!

Wünsche über die gemeinsame Zukunft sollten dagegen noch nicht geäußert werden: Falls die Gedanken auf den anderen Übertragen werden, könnte die Fixierung auf bestimmte Aktivitäten abstoßend wirken.

Viele Beziehungen enden bereits in der Anfangsphase, weil zuwenig Kompromißfähigkeit vorhanden ist; besonders deutlich zeigt sich dies bei Personen, die schon längere Zeit alleinstehen und sich "ihr Leben eingerichtet" haben.

Eine echte Partnerschaft bedeutet eine ganz neue Lebenssituation mit dementsprechenden Verändungen und Schwierigkeiten - wer eine problemlose Beziehung nach eigenem Zuschnitt sucht, wird naturgemäß enttäuscht. Den Wunsch nach gegenseitigem Verständnis in die Pyramidenmeditation mitaufzunehmen, ist deshalb besonders wichtig.

Partnerzusammenführungen

Besteht eine Partnerschaft oder Ehe schon längere Zeit, so tritt ein gewisser Gewöhnungseffekt auf, der häufig genug auch

Langeweile bedeutet. Bei etwas unzuverlässigen Partnern besteht dann die Gefahr des "Abdriftens".

Im Urlaub, am Arbeitsplatz, nicht selten bei einer Kur, ergeben sich neue Bekanntschaften, die die bestehende Partnerschaft in eine schwere Krise stürzen.

Leider reagieren die betrogenen Partner auf solche Abwechslungstendenzen völlig falsch: mit heftigen Vorwürfen (man ist ja schließlich moralisch im Recht) wird der Partner überschüttet und damit oft genug erst der wirkliche Bruch herbeigeführt.

Zudem wird in dieser verzweifelten Situation nach jedem Strohhalm gegriffen. Neben den allgemein bekannten Möglichkeiten wie Eheberatung, Gesprächen mit Angehörigen, Geistlichen und psychologischen Ratgebern werden auch die okkulten Möglichkeiten herangezogen.

Ein guter und seriöser Astrologe kann bei Partnerproblemen durchaus von Nutzen sein, da gerade astrologische Partnervergleiche durch ihre Treffsicherheit bestechen. Ebenso können die Aussagen von feinfühligen Kartenlegern oder Hellsehern nützlich sein.

Etwas problematischer sind die Angebote, den Partner durch Magie wieder zurückzuholen.

Zunächst sind alle "magischen Operationen", die gegen Entgelt durchgeführt werden, fragwürdig. Werden hohe Geldsummen (bis zu 10000DM!) für die Partnerzusammenführung gefordert, und dies bei Vorauszahlung und ohne Reklamationsmöglichkeit, so ist dafür nur ein bestimmter Begriff aus dem Strafgesetzbuch die einzig zutreffende Bezeichnung.

Mit diesem Betrag könnte man mit dem Partner einen schönen "Umstimmungsurlaub" machen, der wahrscheinlich eine größere Erfolgsquote hätte als die magische Partnerzusammenführung gegen Entgelt.

Häufig genug, o tempora - o mores! wäre ein Partner auch bereit, gegen Überweisung einer hohen Summe oder für ein entsprechendes Geschenk wieder zurückzukommen. Es ist allerdings schwer zu beurteilen, was seltsamer ist: einen Partner zurückzukaufen oder für seine Beeinflussung einen großen Geldbetrag aufzuwenden.

Ende mit Schrecken - aber doch eine Lösung...

Stellt man fest, daß durch häufige Vertrauensbrüche, Beleidigungen oder gar körperliche Auseinandersetzungen eine Partnerschaft irreparabel geworden ist, sollte man die entsprechenden Konsequenzen ziehen.

Eine Partnerschaft ständig auf Kosten eigener seelischer und körperlicher Substanz mühsam aufrechtzuhalten, ist auch aus esoterischer Sicht unsinnig, manchmal sogar gefährlich.

Man kann, wie das folgende Kapitel zeigt, einen schwierigen Partner durchaus beeinflussen, der Verbrauch an Paraenergie ist dabei allerdings so hoch, daß an anderen Stellen Kräfte fehlen und mit Krankheit, zerrütteten Nerven oder beruflichen Fehlschlägen dafür bezahlt wird.

Wendet man die folgenden Rezepte an, so sollte sicher sein, daß das Ergebnis lohnend und dauerhaft ist - andernfalls ist es besser, sich auf einen neuen Partner zu konzentrieren !

Partnerbeeinflussung mit der Pyramide

Bei Partnerproblemen ist es hilfreich, ein Foto des Partners unter die Pyramide zu legen und sich täglich etwa ein halbe Stunde auf den Partner zu konzentrieren.

Auch bei anderen Personen, bei denen Sie etwas erreichen wollen, können Sie diese Methode erfolgreich anwenden.

Denken Sie über das Problem und die betreffenden Personen nur in positiver Weise nach. "Verwünschungen", auch wenn es sich um eine lästige Konkurrentin oder einen Nebenbuhler handelt, sollten vermieden werden, da negative Wünsche und Vorstellungen häufig Konflikte erst anheizen und zu unkontrollierbaren Nebeneffekten führen.

Voodoo oder Macumbapraktiken, wie etwas das Zerstechen eines Bildes mit einer Nadel, um dem Gegner körperlichen oder seelischen Schaden auf magische Weise zuzufügen, sind im Zusammenhang mit der Pyramide nicht zu empfehlen.

Die psychotronische Energie der Pyramide wirkt bei möglichst klarem Denken und moralisch einwandfreiem Handeln am besten und bringt auch bei sanfter Anwendung mehr Erfolg als primitive magische Rituale.

Psi - eine neue Dimension der Intelligenz ?

Eine nicht geringe Zahl von bahnbrechenden Erfindungen, Entdeckungen und bekannten Kunstwerken ist mit Psi-Ereignissen verbunden. Es gibt viele Geschichten und Anekdoten über Erfinder, die im Traum die Lösung für ein Problem erhielten, oder über Künstler, die in einem visionären Augenblick großartige Eindrücke hatten und diese in Bilder umsetzen konnten.

Die Verbindung von außergewöhnlichen Leistungen und Parafähigkeiten findet sich jedoch auch in anderen Bereichen oder Berufen, die auf den ersten Blick gar nichts Okkultes erkennen lassen.

Ein einfaches Beispiel ist der "grüne Daumen" beim Gärtnern. Warum gedeihen bei einem Menschen Pflanzen, gelingt jede Anzucht, während beim anderen selbst Allerweltspflanzen ständig absterben ?

Ist der erfolgreiche Umgang mit Pflanzen mit Psi-Fähigkeiten verbunden ?

Ein anderes Beispiel ist die "glückliche Hand" bei Geschäften. Woran erkennt ein Kaufmann, ob eine Ware gut zu verkaufen ist, oder ob er einen Flop produziert ?

Nicht immer können hierfür die üblichen Erklärungen wie Berufserfahrung, genaue Berechnung, Kenntnis des Kundengeschmacks etc. verwendet werden.

Fragt man einen erfolgreichen Makler nach den Kriterien, die er zur Auswahl von Objekten benutzt, so erhält man wichtige und interessante Punkte - aber sind sie wirklich allein ausschlaggebend für überdurchschnittliche Geschäftserfolge, oder ist auch hier wieder Psi im Spiel ?

Wer sich mit dem Auf und Ab an den Börsen beschäftigt, wird die Zufälligkeit dieser Bewegungen bestätigen können. In einer Zeit, in der Milliardenbeträge um den Erdball jagen, ist die

Unberechenbarkeit finanzieller Aktionen noch größer geworden. Entscheidungen müssen häufig so rasch getroffen werden, daß eine Prüfung der Fakten unmöglich ist.

Zufall oder Psi, daß bei diesem "Spiel" bestimmte Börsianer Millionen verdienen, während andere kläglich scheitern ?

Erfolg durch Psi

Wie bereits ausführlich beschrieben, läßt sich durch Pyramiden die Parafähigkeit verbessern. Die Anwendung dieser Fähigkeit beim Glücksspiel ist augenfällig, ebenso die Auswirkung auf Partnerschaften.

Psi-Fähigkeiten sind aber auch in ganz normalen Berufen anwendbar und verbessern so die finanzielle Situation. Dieser Weg führt nur in kleinen Schritten zum Erfolg, ist aber sicher und für jeden gangbar.

Leitende Angestellte und Manager wurden hinsichtlich ihrer Parafähigkeiten getestet. Es zeigte sich, daß diese Personengruppe über außergewöhnlich starke Psi-Fähigkeiten verfügt und diese auch, mehr oder weniger bewußt, einsetzt. So mancher außergewöhnliche Erfolg hat, neben fachlichem Können und Arbeitswillen, auch Psi als Hintergrund.

Parafähigkeiten im Beruf

Eine erstaunlich hohe Anzahl von Problemen im Berufsleben resultiert aus zwischenmenschlichen Beziehungen: Schwierigkeiten mit dem Chef - verbiesterte Kollegen - Kunden, die nicht wissen, was sie wollen - drohende Arbeitslosigkeit - die Palette der Molesten ist umfangreich.

Der Einsatz von Parafähigkeiten im Beruf ist nun nicht so zu verstehen, daß man eine "Chef-Puppe" herstellt und sie einem Voodoo-Ritual unterzieht.

Wer sich mit solchen Praktiken beschäftigt, spielt mit seiner geistigen Gesundheit und wird höchstens für Psychiater interessante Resultate erzielen.

Die Anwendung von Bildern unter der Pyramide als Konzentrationspunkt ist bei Partnerproblemen sehr hilfreich und kann auch bei Schwierigkeiten im Beruf zum eigenen Vorteil eingesetzt werden.

Bei der Konzentration auf bestimmte Personen kann es aber Überraschungen geben, der gewünschte Effekt sich gar ins Gegenteil verkehren.

Empfindet man beispielsweise als Frau Anbiederungen und plumpe Annäherungen eines Mitarbeiters als lästig, so könnte die Konzentration auf dessen Bild zusätzlich anregend wirken, da ja ein bewußter telepathischer Kontakt aufgenommen wird.

Der Psi-Kontakt zu Personen, die man nicht genau kennt, ist deshalb allgemein nicht zu empfehlen.

Sollen Erfolge im Beruf erzielt werden, so ist als gedanklicher Ansatzpunkt bzw. Änderungswunsch Harmonie und reibungsloser Ablauf im Betrieb hilfreicher als die Auseinandersetzung mit typischen Kollegenproblemen.

Die geistige "Bitte" an die Pyramide um gedankliche Klarheit und größere Aufgeschlossenheit während der Arbeit zeitigt dann überraschende Ergebnisse. Hat man sich erst einmal vom Kollegentratsch abgekoppelt und auf Leistung programmiert, so stellt sich der Erfolg von selbst ein.

Unterschätzen Sie Arbeitgeber und Vorgesetzte nicht! Wer Gewinne machen will, braucht mitdenkende, kreative Kräfte und keine lebenden Mitteilungsblätter innerbetrieblicher Laszivitäten.

Denken Sie nicht über mögliche Querverbindungen im Betrieb nach - über die üblichen Vermutungen "Wer mit Wem" sind schon viele gestolpert bzw. haben sich den "Mund verbrannt".

Wer Erfolg im Beruf haben will, sei es als Angestellter oder als Selbständiger, muß sich auf das Wesentliche konzentrieren.

Die Frage nach dem praktischen Nährwert einer Aktion muß daher rechtzeitig gestellt werden, man erspart sich sinnlose Querelen und steht seinem Erfolg nicht selbst im Weg.

Für jeden Beruf, jede betriebliche Situation, gibt es wichtige Eigenheiten, die es herauszufinden gilt. Dies muß individuell geschehen - eine allgemeingültige Anleitung gibt es nicht.

Sind diese Punkte gefunden, so richtet man sich danach aus. Die täglichen Konzentrationsübungen mit der Pyramide werden dann bald zu einer Klärung der Situation führen und erfolgversprechende Wege sichtbar machen.

Kleine Erfolge werden sich bereits nach einigen Monaten einstellen, und bei der entsprechenden Zähigkeit kann so der gesamte Lebensweg positiviert werden.

Ein paar Monate harte Arbeit, die vor einem liegen, erscheinen wie ein unbezwingbarer Berg. Rückblickend stellt man dann fest, daß man es meist doch irgendwie geschafft hat, und selbst Jahre der Entbehrung schrumpfen zu einem bedeutungslosen Nichts zusammen.

Gehen Sie deshalb den Berg direkt an und versuchen Sie ein einmal gestecktes Ziel zu erreichen.

Ob Sie partnerschaftliches Glück, beruflichen Erfolg oder spirituelle Erkenntnis suchen, Ihr Wille und Ihre Parafähigkeiten werden durch die Pyramide verstärkt - und Sie können jedes in vernünftigen Bereichen befindliche Ziel erreichen !

Literaturverzeichnis

"Auf den Spuren der Großen Steine" * Ferdinand Niel * Bastei/Lübbe-Verlag

"Die Wiege der Sonne" * Peter Tomkins * Knaur-Verlag

"Cheops" * Peter Tomkins * Knaur-Verlag

"Zauber und Magie im alten Ägypten" * Robert Brier * Heyne-Verlag

"Ägypten" * Lionel Casson * Rororo-Verlag

"Der Fluch der Pharaonen" * Philipp Vandenberg * Bastei/Lübbe-Verlag

"Das Ägyptische Totenbuch" * Albert Champdor * Knaur-Verlag

"Knaurs Lexikon der ägyptischen Kultur" * Knaur-Verlag

"Leben auf dem Mars" * Johannes von Buttlar * Herbig-Verlag

"Die Entdeckung des Orgons" * Wilhelm Reich * Fischer-Verlag

"Grenzwissenschaftliche Versuche" * Willi Schrödter * Goldmann-Verlag

"Pyramid Power" * Max Toth und Greg Nielsen * Bauer-Verlag

"Die Wissenschaft der Alchimisten" * Neil Powell * Ullstein-Verlag

"Psi - was ist das ? * Louisa Rhine * Bauer-Verlag

"Neue Beweise der ASW-Forschung" * Martin Ebon * Goldmann-Verlag

"Lexikon der Parapsychologie" * Werner Bonin * Fischer-Verlag

"Mit Pendel und Wünschelrute: Radiästhesie" * Tom Graves * Goldmann-Verlag

"Magie des Glücks - Erfolgsrezepte für Lottospieler" * Manfred Keppeler * Keppeler-Verlag * Augsburg

"Der erfolgreiche Pendelpraktiker" * Karl Spießberger * Baur-Verlag

"Parapsychologie" * Milan Ryzl * Knaur-Verlag

"Die Geschichte der Geheimwissenschaften" * F.W. Doucet * Heyne-Verlag

"Lexikon des Geheimwissens" * Horst Miers * Goldmann-Verlag

Handlexikon der magischen Künste * Hans Biedermann * Knaur-Verlag

"Spielend gewinnen" * Ralf Lisch * Stiftung Warentest

"Aktive Partnersuche per Inserat" * Linda und Rüdiger Drenk * Rororo-Verlag

"Das Übersinnliche ist greifbar" * Hans Holzer * Heyne-Verlag

Esoterische Symbole wirken direkt an den Schaltzentralen des Unbewußten (C.G. Jung)

Bei fast allen Völkern des Altertums bestand eine enge Verknüpfung zwischen mystischen Symbolen und religiösen Vorstellungen, und zahlreich sind die Berichte über die Kraft der Symbole und die Kraft der Pyramiden.

K-Pyramiden mit Udjat-Auge und Hagal-Rune, Cheopspyramide mit Ankh-Kreuz

Die esoterische Literatur des Mittelalters ist ohne Symbole gar nicht denkbar, und auch in der heutigen parapsychologischen Literatur nimmt die Anwendung der Symbole einen breiten Raum ein.

Aufgrund der vorhandenen empirischen Erkenntnisse kann davon ausgegangen werden, daß sich die Kraft der Symbole mit der Kraft der Pyramiden in positiver Weise kombinieren läßt. Die Pyramide dient als Träger für das Symbol und erzeugt gleichzeitig eine äußerst positive und starke Grundschwingung, die das Symbol verstärkt. Die Wirkung wird durch das aufgebrachte Symbol bestimmt.

Symbole bergen wirkende Kräfte. Jede Form ist die sinnbildliche Wiedergabe kosmischer Gesetzmäßigkeiten. (Karl Spiesberger)

Ursprung und Bedeutung der Symbole

Ankh – Kreuz

Ursprung und Bedeutung: ägyptische Hieroglyphe für Leben, Symbol des ewigen Lebens und der immerwährenden Kraft.

Wirkungen und Anwendungen: Schutzzeichen, beliebtes Amulett für Leben, zur Sicherung und Steigerung der Lebenskraft und Gesundheit, fördert positive Einflüße vor allem für den körperlichen Bereich. Das Symbol bildet mit der Pyramide eine harmonische Einheit und zeichnet sich durch seine besonders positive Ausstrahlung aus.

Hagal – Rune

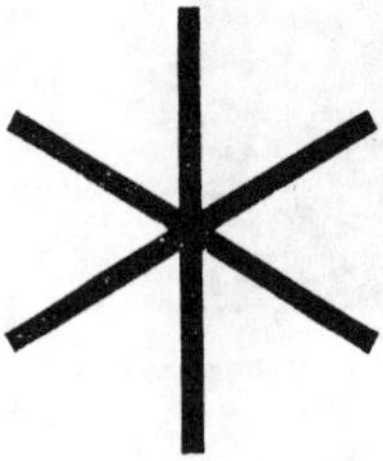

Ursprung und Bedeutung: altnordisches Schriftzeichen (Runenalphabet), Symbol für die Schöpfungskraft des Weltalls, Vermittler zwischen Mikro- und Makrokosmos.

Wirkungen und Anwendungen: Verleiht Schutz und spirituelle Kräfte, dient zur positiven Verbundenheit mit den erhaltenden Kräften des Kosmos, leitet ungünstige Feinkraftströme ab. Verstärkt durch seine Abschirmung negativer Einflüße die Ich-Kräfte und verbessert so das Durchsetzungsvermögen. Bei Erdstrahlen häufig mit gutem Erfolg eingesetzt: Die Hagal-Rune wird von Rutengängern als eines der wirkungsstärksten Zeichen zur Abschirmung oder Umlenkung negativer Strahlungs- und Schwingungseinflüße bezeichnet.

Pentagramm

Der Ursprung dieses Zeichens verliert sich im Altertum. Bei den Pythagoräern als Zeichen der Gesundheit, im Mittelalter wichtiges Element bei Beschwörungen zur Herrschaft über die Elementargeister, Abzeichen für Geheimgesellschaften, in der Esoterik Symbol für den Mikrokosmos.

Anwendungen: Das Pentagramm (Fünfstern) ist das wirkungsstärkste Bann- und Schutzzeichen. Es wird zur Abwehr negativer magischer oder telepathischer Einflüße verwendet. Die eigenen parapsychologischen Kräfte werden durch dieses Symbol gefördert; von außen kommende Beeinflußungen dagegen abgewehrt.

Udjat - Auge

Ursprung und Bedeutung: Stammt aus der ägyptischen Mythologie. Stilisierte Form eines Falkenauges - Symbol des Gottes Horus.

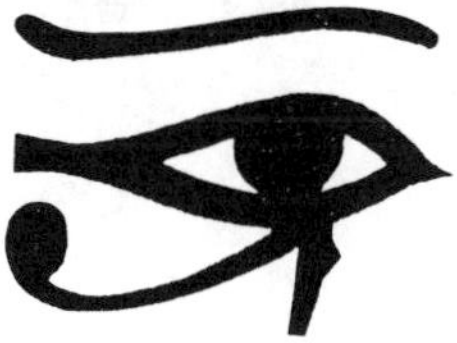

Anwendungen: Zur Wiederherstellung der Gesundheit und körperlichen Unverletzlichkeit. Die Schutz- und Wachfunktion des magischen Auges verhindert negative Beeinflußungen des eigenen Willens, der Gesundheit und der Persönlichkeit.

Yin - Yang

Ursprung und Bedeutung: Chinesisches Symbol der beiden Urgewalten Yang (das männliche, aktive, zeugende, lichte, warme, trockene Prinzip) und Yin (das weibliche, passive, empfangende, dunkle, kalte und feuchte Prinzip). Beide ergänzen sich und lösen einander ab. Der Himmel und damit die Seele bestehen aus dem Yang Fluidum; die Erde und auch der Körper des Menschen aus dem Yin Fluidum.

Anwendungen: In China sehr verbreitet zur Abschirmung geopathischer Reize (Drachen der Tiefe). Die abschirmende Wirkung des Yin-Yang Symbols konnte auch von westlichen Rutengängern bestätigt werden. In der chinesischen Medizin wird das Yin-Yang Symbol zu Heilzwecken verwendet, insbesondere zur Unterstützung der Akupunktur. Das Symbol dient auch als Meditationshilfe (Mandala). Harmonisierende Wirkung bei Partnerproblemen - Ausgleich der Kräfte und Vereinigung.

OM

Ursprung und Bedeutung: Das Symbol OM (oder auch: AUM) ist hinduistischen Ursprungs. Es ist eine der wichtigsten heiligen Silben der indischen Religionen und bildet den Anfang der meisten Gebete und religiösen Schriften.

Wirkungen und Anwendungen: Das Zeichen OM wird von verschiedenen Glaubensgemeinschaften zur Meditation oder zu Runenexerzitien benutzt. Durch Aussprache des Wortes OM werden die Nervenzentren des Körpers in positivem Sinne angeregt und disharmonische Zustände beseitigt.

Das OM - Symbol bildet eine Schwingungseinheit mit der Pyramide und ist deshalb ideal für Pyramiden die für esoterische Übungen oder zur Meditation verwendet werden.

★★★★★★★★★★★★★★

Pyramiden

Nützen Sie die Pyramidenenergie für Ihre Zwecke! Weltweit bekannt sind die geheimnisvollen Kräfte der ägyptischen und mexikanischen Pyramiden.

In jahrelangen Forschungen konnte eine Pyramide entwickelt werden, die in unserem mitteleuropäischen Raum besonders wirksam ist.

Die neuen K-Pyramiden erzeugen, ebenso wie das ägyptische Vorbild Cheops, Pyramidenenergie in reinster Form.

Pyramide K – 1

K-Pyramide aus reinstem Kupfer, Gewicht 500g, Neigungswinkel 65 Grad, Höhe 19 cm. Diese besonders erfolgreiche >>Standardpyramide<< wird für alle Anwendungsbereiche benützt.

Bereits mit zwei oder drei K-Pyramiden läßt sich eine größere Wohnung (70 Quadratmeter) "umstimmen": Negative Erscheinungsformen parapsychologischer Natur werden neutralisiert.

In den Wohnräumen entsteht insgesamt eine positivere Schwingungsebene. Die K-Pyramide ist besonders geeignet zur Vitalisierung von Pflanzen und Tieren, Förderung von Gewinnchancen und Erfolgen, allgemeine Harmonisierung und Steigerung des Lebensgefühls und für esoterische Anwendungen.

Die aus reinstem Kupfer hergestellten Pyramiden wirken sich auch günstig bei Biostörzonen, Reizstreifen und Kreuzungen von Wasserläufen aus. Von Rutengängern empfohlen !

Die K-1 Pyramide ist eine ausgereifte Konstruktion mit konstant positiver Wirkung.

Preis: DM 115.--

Testergebnisse

Kristallbildung: 2,2
Biotest: gut
parapsychologische und esoterische Anwendungen: gut

Pyramide K – 3

K-Typ aus reinstem Kupfer, innen und außen versilbert, Gewicht 500g, Höhe 19 cm, der Neigungswinkel beträgt 65 Grad.

Verwendung: Ähnlich wie die K-1 Pyramide, jedoch besonders im esoterischen und parapsychologischen Bereich wesentlich stärkere Wirkung. Zusätzlich erzeugt die Silberpyramide harmonisierende und anregende Schwingungen, die gedankliche Klarheit, Konzentrationsfähigkeit und Kreativität fördern. Die versilberte Pyramide ist eine perfekte Kombination von Form und Farbe. Sie kann auch dort aufgestellt werden, wo andere Pyramiden etwas deplaziert wirken. Diese exclusive Pyramidenausführung wird gern für Chefbüros oder andere repräsentative Räume (Wohnzimmer,Praxisräume) gekauft, da sie von Nichteingeweihten im allgemeinen nur (!) für einen Kunstgegenstand gehalten wird.

Wegen ihrer besonderen Ausstrahlung und Wirkung wird die versilberte Pyramide von Esoterikern wie ein sakraler Gegenstand behandelt.

Preis: DM 245.--

Kristallbildung: 1,8
Biotest: gut
parapsychologische und esoterische Anwendungen: sehr gut

K – Pyramiden

Pyramide K – 4

K-Typ aus reinem Messing, Gewicht 500g, Höhe 19 cm, Neigungswinkel 65 Grad. Verwendung: Ähnlich wie K-1. Die Schwingung dieser Pyramide unterscheidet sich etwas von der Kupferpyramide; sie wirkt aber ebenfalls nur im positiven Bereich. Bei Versuchen (Kristallisationen, Vitalisierung bei Pflanzen) sind die Ergebnisse sogar besser, als bei der Kupferpyramide.
Preis: DM 125.--

Testergebnisse
Kristallbildung: 2,1
Biotest: gut
parapsychologische und esoterische Anwendungen: gut

Pyramide K – 5

K-Typ aus reinstem Kupfer, Gewicht 900g, Höhe 24 cm, Neigungswinkel 65 Grad. Verwendung wie K-1. Diese relativ große Pyramide eignet sich besonders zum Aufstellen in größeren Räumen oder für die gleichmäßige Aufladung von Lebensmitteln in Speise- bzw. Vorratskammern.
Preis: DM 155.--

Kristallbildung: 2,2
Biotest: gut
parapsychologische und esoterische Anwendungen: gut

Pyramide mit den exakten Maßen der Cheopspyramide, aus versilbertem Kupfer. Symbol: Udjat - Auge

Cheops–Pyramiden

Pyramide C – 1

Cheops-Typ aus reinstem Kupfer, Höhe 13 cm, Gewicht 480g, Neigungswinkel 51 Grad (exakter Cheopswinkel). Diese Pyramide entspricht den mittlerweile bereits historischen Cheops-Modellen wie sie von den Pionieren der Pyramidenforschung Jean Martial und Karl Drbal zu Mumifizierungen und zum Schärfen von Rasierklingen verwendet wurden. Die in dem aktuellen Standardwerk "Die Glückspyramide" über die Pyramidenenergie veröffentlichten Testergebnisse des Cheopsmodells fallen gegenüber den K-Pyramiden mäßig aus. Dennoch sollte man selbst testen: Die eigene Erfahrung ist überzeugender, als hundert Bücher!
Preis: DM 105.--

Kristallbildung: 3,2
Biotest: ausreichend
parapsychologische und esoterische Anwendungen: befriedigend

Pyramide C – 3

Cheops-Typ aus reinstem Kupfer, versilbert, Höhe 13 cm, Gewicht 480g, Neigungswinkel 51 Grad (exakter Cheopswinkel). Die versilberte Cheopspyramide ist die wirkungsstärkste Pyramide der in der älteren Literatur beschriebenen Pyramiden ("Pyramid Power"). Sie ist besonders für jene Anwendungen geeignet, bei denen der exakte Cheopswinkel (51 Grad, 52 Minuten) eine Rolle spielt.
Preis: DM 230.--

Kristallbildung: 2,9
Biotest: befriedigend
parapsychologische und esoterische Anwendungen: gut

Wichtiger Hinweis: Für die besonders wirksamen K-Pyramiden besteht Namens- und Gebrauchsmusterschutz.

Sieben gute Gründe

weshalb Sie sich für eine Pyramide vom größten Pyramidenhersteller Europas entscheiden sollten:

Forschung - Der ungewöhnliche Erfolg der neuentwickelten K-Pyramiden ist das Ergebnis langjähriger aufwendiger Forschung:

Nützen sie diesen Forschungsvorsprung für Ihre Zwecke !

Testergebnisse - Mit allen angebotenen Pyramiden wurden über einen Zeitraum von mindestens zwei Jahren Versuche durchgeführt.
Die Ergebnisse sind nach dem in Schulen üblichen System bewertet: 1 = sehr gut, 2 = gut, etc. Genaue Angaben hierzu finden Sie jeweils neben der Beschreibung des Pyramidentyps.

Kristallisationen: Auswirkung der Pyramidenkraft auf die Kristallbildung von Kochsalz, Zucker, Salze der Mineralstoffe und Spurenelemente (Magnesium-, Kupfer-, Eisen-, Mangan-, Zinksulfat), etc.

Biotest: Wirkung der Pyramide auf die Vitalität von nützlichen Mikroorganismen (Hefen, Pilze, Bakterien) die zur Vergärung von Zucker oder Stärke verwendet werden (Kombucha-Tee, Joghurt, Sauerteig, Fruchtweine etc.). Verbesserung des Wachstums bei Pflanzen und Tieren.

Esoterische Anwendungen: Verbesserung von sensitiven und parapsychologischen Fähigkeiten wie Hellsehen, Pendeln, Telepathie, Verstärkung von persönlichen Kräften, esoterisches Heilen, Glücksfindung, Abschirmung gegen unerwünschte Einflüsse, radiästhetische Anwendungen (Biostörzonen, Erdstrahlen), Bewältigung von Konflikten in Beruf und Partnerschaft.

Die Glückspyramide - Mit diesem, vom Keppeler-Verlag herausgegebenen Standardwerk über die Pyramidenenergie wurde der unzweifelhafte Beweis für fachliche Kompetenz erbracht. Das Buch fand durch die Veröffentlichung neuester Forschungsergebnisse weltweit Anerkennung.

Verarbeitung - Es werden nur esoterisch vertretbare Fertigungsmethoden sowie reinste Materialien (z.B. SF-Kupfer 99,9 %), verwendet.
Alle Pyramiden werden vor dem Versand auf sorgfältige Verarbeitung geprüft.

Rücknahmegarantie - Die Pyramiden können ohne Angabe von Gründen innerhalb von vier Wochen zurückgesandt werden !

Fachkundige Beratung - Über die optimale Wirkung der Pyramiden, auch bei ungewöhnlichen Anwendungen, können Sie sich von einer erfahrenen Parapsychologin kostenlos beraten lassen: Telefon 0821 / 51 88 78.

SYMBOLPYRAMIDEN

Unser Standardangebot konnte um Spezialpyramiden erweitert werden, die für den esoterisch-spirituell orientierten Menschen von ganz besonderem Interesse sind. Symbole mit bewährt positiver Wirkung werden in einem aufwendigen Verfahren, teilweise in Handarbeit auf Pyramiden aus Kupfer oder versilbertem Kupfer aufgebracht. Alle Pyramiden werden mit Zapponlack versiegelt, wodurch ein haltbarer und dauerhafter Anlaufschutz entsteht.

Pro Pyramide sind bis zu vier Symbole möglich. Prinzipiell können alle Symbole miteinander kombiniert werden, bei einem Symbol pro Pyramide ist jedoch die Wirkung klarer.

Der Preis für ein Symbol beträgt DM 30.- und wird jeweils zum Grundpreis der Pyramide hinzugezählt. Bitte geben Sie bei einer Bestellung den Pyramidentyp und das gewünschte Symbol an.

Beispiele: >> Pyramide K-1 mit Hagal-Rune * Grundpreis Pyramide 115.- + ein Symbol DM 30.- = DM 145.-. >> Pyramide K-3 mit Udjat-Auge und Ankh-Kreuz * Grundpreis Pyramide DM 245.- + zwei Symbole DM 60.- = DM 275.-.

Pyramidentyp	Grundpreis,	ein Symbol,	zwei Symbole,	drei Symbole,	vier Symbole
K-1 K-Typ aus Kupfer	115.-	145.-	175.-	205.-	255.-
K-3 K-Typ versilbert	245.-	275.-	305.-	335.-	365.-
C-1 Cheopstyp, Kupfer	105.-	135.-	165.-	195.-	225.-
C-3 Cheopstyp, versilbert	230.-	260.-	290.-	320.-	350.-

Service: *Bei Fragen jeglicher Art* rufen Sie uns einfach an oder senden Sie uns eine kurze Notiz. Sie können den günstigen Telefontarif am Abend nützen - wir sind bis 20.00 erreichbar.

Telefon: 0821 / 51 88 78. Sie sprechen mit *erfahrenen Parapsychologen*, so daß Sie auch Fragen zu persönlichen Problemen oder speziellen Anwendungen stellen können. Besonders bei den Symbolpyramiden sollten Sie diesen kostenlosen Service nützen. Sie können natürlich auch anrufen, wenn sich Fragen bei der Berechnung des Preises, den Lieferbedingungen etc. ergeben.

Gratis: Eine *genaue Beschreibung* der Anwendungsmöglichkeiten, *kleine Klötzchen* zum Aufstellen, zwei Versuchsschalen, sowie den zum Ausrichten der Pyramide notwendigen *Kompaß* erhalten Sie bei *jeder Pyramidenbestellung gratis*.

Vereinfachte Versandbedingungen: Bitte verwenden Sie den beiliegenden Bestellschein und senden Sie ihn zusammen mit einem Verrechnungsscheck an den Keppeler-Verlag. Unbedingt Pyramidentyp und bei den Symbolpyramiden das gewünschte Symbol angeben.

Rückgaberecht: Vier Wochen, ohne Angabe von Gründen !

Lieferungs- und Zahlungsbedingungen:

* Bei Büchern und Zubehör wird für Porto/Verpackung ein Kostenanteil von DM 4,-- berechnet.

* Bei Pyramiden wird für Porto/Verpackung ein Kostenanteil von DM 7,50 berechnet.

* Für Nachnahmesendungen (Nur Deutschland) werden zusätzlich DM 6,50 berechnet.

* Nachnahmesendungen ins Ausland sind leider nicht möglich.

* Verwenden Sie bitte nur die auf dem Bestellschein angegebenen Zahlungsweisen.

* Telefonservice: Nützen Sie unsere kostenlose Telefonberatung - viele Mißverständnisse können durch ein kurzes persönliches Gespräch vermieden werden - rufen Sie uns an, wir beraten Sie gern !

Telefon: 0821 / 51 88 78

>> Die einfachste, schnellste und für Sie risikolose Bestellung:
>> Verrechnungsscheck und ausgefüllten Bestellschein an uns schicken.

Rückgaberecht: Vier Wochen ohne Angabe von Gründen !

VERLAG MANFRED KEPPELER * Kapuzinergasse 12 * W - 8900 Augsburg

Bestellschein

Anzahl	Artikel	Einzelpreis	Gesamtpreis
......	Magie des Glücks (Buch)	24,50	....
......	Die Glückspyramide (Buch)	26,00	....
......	Pyramide Typ ... Symbole:		
	....	.....	....
......	Pyramide Typ ... Symbole:		
	....	.....	....
......	Set Nr. ... Symbole:		
	....	.....	....
	Sonstiges:		....
	Porto/Versandkostenanteil		....
	gesamt		

nicht lieferbar

Preise ungültig

Wenn sich Probleme bei der Berechnung ergeben, rufen Sie uns einfach an:
Telefon 0821 / 51 88 78 - oder bestellen Sie per Nachnahme.

Ich bezahle:

Name .... 0 per Scheck

Straße .... 0 auf Postgiro

Postleitzahl, Ort .... 0 Postanweisung/Wertbrief

Telefon .... 0 per Nachnahme

Unterschrift, Datum .... 0 Geld/Einschreiben

ASTROLOGIE IN DER PRAXIS

Warum so viele Ehen scheitern

Obwohl die Möglichkeiten des Kennenlernens immer mehr zunehmen, die zwischenmenschlichen Beziehungen freizügiger werden, bereitet die Suche nach einem geeigneten Partner oder der Erhalt einer bestehenden Beziehung oft große Schwierigkeiten. Der Mangel an gegenseitiger Achtung, an Verständnis und Zuneigung läßt den Menschen einsam werden.
Oberflächliche und unverbindliche Kontakte mindern das Lebensgefühl und lassen oft bedenkliche Stimmungen und Depressionen aufkommen. Viele Menschen leiden an dieser Zeitkrankheit, und doch hat selten jemand den Mut, Initiative zu entwickeln, etwas dagegen zu tun. Und selbst dann, wenn etwas unternommen wird, kommt es häufig zu Mißerfolgen und Fehlschlägen, worauf man sich dann noch weiter in sein Schneckenhaus zurückzieht.
Inwieweit kann nun die Astrologie helfen, Partnerschaftsprobleme zu lösen?
In einem Horoskop sind die guten und schlechten Seiten eines Menschen erkennbar. Vergleicht man zwei Horoskope miteinander, kann man feststellen, wo positive Übereinstimmungen und Harmonien (Ehekonstellationen) vorhanden sind, aber auch welche Punkte eine Partnerschaft gefährden oder sogar ganz unmöglich machen. Oft ist es auch so, daß sich ein Partner in einem schwierigen und spannungsreichen Lebensabschnitt befindet, und sich deshalb abweisend oder aggressiv verhält. Das Erkennen von - vorübergehend - belastenden Transiten im Jahreshoroskop ist deshalb gerade dann von besonderer Bedeutung, wenn in einem bestimmten Zeitabschnitt wichtige Entscheidungen getroffen werden sollen: aus astrologischer Sicht könnte so manche Trennung im Partnerbereich oder ungünstige berufliche Veränderung vermieden werden, wenn man das eigene Jahreshoroskop berücksichtigt, und sich in schwierigen Zeiten vorsichtig und zurückhaltend verhält.
Skorpion und Zwilling - eine ideale Verbindung?
Leider werden in Zeitschriften und astrologischen Büchern immer wieder sogenannte Idealverbindungen von Tierkreiszeichen genannt; mit seriöser Astrologie hat dies aber nicht viel zu tun, im Gegenteil: Jeder vernünftige Astrologe wird eine derartige Aussage für mehr als bedenklich halten.
Die wenigsten Menschen sind typische Vertreter ihres Tierkreiszeichens, oft

sind andere, nur im persönlichen Horoskop erkennbare Merkmale entscheidend für den Charakter und somit auch für das Schicksal der betreffenden Person. Der Astrologe klärt mit Hilfe des Horoskops die Situation und kann somit auch Lösungsmöglichkeiten für die jeweilige Lebenssituation anbieten. Natürlich muß jedermann im Leben seine Entscheidungen selbst treffen, auch die Astrologie kann hier nur eine Hilfestellung geben, eine Hilfestellung allerdings, die gerade in schwierigen Situationen entscheidend sein kann.

Der Phöenix aus der Asche

Häufig wird das Interesse für das eigene Horoskop erst durch ein größeres Problem oder durch einen Schicksalsschlag ausgelöst. So überraschte es mich auch nicht, als eine verzweifelte Frau anrief und wissen wollte, "wie es denn nun weitergeht". Der Ehemann war bei einem Autounfall ums Leben gekommen und hinterließ Susanne B. einen völlig verschuldeten Betrieb. Zusammen mit ihrer kleinen Tochter stand die Witwe vor einem Chaos, das sie zu erdrücken schien: Gläubiger meldeten Forderungen an, die Arbeiter des Kleinbetriebs wurden unruhig, Kunden stornierten ihre Aufträge, und zu allem Überfluß fand sie kaum Rückhalt bei den eigenen Verwandten.

Die im Horoskop enthaltenen Spannungselemente für den Partnerbereich (Saturn Quadrat Pluto) wurden bestätigt: Die Ehe war nur nach außen hin glücklich gewesen. Der Mann hatte sie zum "Weibchen" abgestempelt, das allenfalls den Haushalt führen und sich um die Kinder kümmern kann. Aufgrund der extrem konservativen Erziehung hatte sie nicht den Mut gehabt, dagegen etwas zu unterehmen. Eine Scheidung war schon aufgrund der gesellschaftlichen Stellung nicht in Frage gekommen. Im Grundhoroskop von Susanne B. waren Konstellationen enthalten, die familiäres Denken, Gutmütigkeit, ja sogar Unterwürfigkeit insbesondere gegenüber männlichen Personen begünstigten. Gleichzeitig bestanden aber Merkurkonstellationen (Merkur Trigon Saturn), die außerordentliche kaufmännische Begabungen signalisierten.

Es galt also die Ich-Kräfte der Frau zu fördern und vor allem das Durchsetzungsvermögen zu stärken. Unter Berücksichtigung aller Aspekte mußte ich die astrologische Gesamtsituation letztendlich so interpretieren, daß das Unglück von Susanne B. nicht nur eine gute Seite hatte, sondern gleichsam für sie die Chance bot, das Leben in einer ganz anderen, glücklicheren Form zu meistern. Allein schon ihre Reaktion auf meine astrologischen Aussagen zeigte, daß das Horoskop richtig war. Sie war weder empört noch euphorisch, sondern dachte in Ruhe darüber nach, um dann letztendlich selbst eine Entscheidung zu treffen. Die ursprüngliche Absicht, den Betrieb zu verkaufen, nahm sie zurück und begann zielstrebig, sich mit der völlig neuen Aufgabe als Firmenchefin vertraut zu machen.

Ein Jupiter Uranus Transit sorgte zusätzlich für das in solchen Situationen notwendige Glück. Durch ein persönliches Gespräch konnte sie nicht nur den Hauptkunden des Unternehmens zurückgewinnen, sondern auch noch einen Zusatzauftrag abschließen. Allerdings wurde das neu gewonnene Selbstbewußtsein hart geprüft, als sie feststellen mußte, das ein Meister in ihrem Betrieb sehr wohl an ihr, aber weniger an der Arbeit interessiert war. Der Horoskopvergleich zeigte beruflich und zwischenmenschlich erhebliche Unverträglichkeiten, so daß aus astrologischer Sicht keine sinnvolle Zusammenarbeit zu erwarten war. Nachdem es noch zu mehreren unangenehmen Zwischenfällen gekommen war, nahm sie schließlich ihren ganzen Mut zusammen und entließ den Mann fristlos. Eine gute Entscheidung, wie sich bald darauf herausstellte; das Betriebsklima verbesserte sich zusehends, und der neu eingestellte Meister zeigte deutlich bessere Leistungen. Das Horoskop fand auf diese Weise nach und nach seine Bestätigung, und wenige Jahre später erzielte der Betrieb bereits wieder Gewinne. Wie ein Phöenix hatte Susanne B. sich aus der Asche erhoben und ihrer Umgebung gezeigt, daß auch eine Frau ihren Mann stehen kann.

Computerhoroskope als Lebenshilfe?

Eine der vielen Fragen, die mir in meiner astrologischen Praxis immer wieder gestellt werden, lautet: Besteht wirklich ein Unterschied zwischen einem persönlichen Horoskop und einer Computeranalyse, ist ein Computer nicht viel genauer und ausführlicher als ein "menschlicher" Bearbeiter? Astrologie, richtig angewendet, ist viel mehr als die pure Auswertung von Aspekten, sondern kann Problemlösung, Entscheidungs- und Lebenshilfe sein, und beim Erkennen des eigenen Lebensweges helfen. Das Horoskop kann viele Enttäuschungen von vornherein vermeiden helfen, und zukünftige Entwicklungen bei wichtigen Entscheidungen schon heute berücksichtigen.

Ein Computer beurteilt alle vorhandenen Aspekte im Horoskop von der Wirksamkeit her als gleichwertig - er setzt keine Schwerpunkte. Vorläufig ist es immer noch dem erfahrenen Astrologen vorbehalten, eine individuelle Gesamttendenz des Horoskops auszuarbeiten, also die Schlußfolgerungen auch aus einander widersprechenden Aspekten zu ziehen, und damit die Auskunft zu geben, die der Klient wirklich wünscht, und die ihm bei seinen Problemen auch weiterhilft.

Das persönliche Horoskop kann Antworten auf ganz konkrete Fragen geben - diese Antworten können für den Ratsuchenden oft von unschätzbarem Wert sein, wenn gesundheitliche Probleme rechtzeitig erkannt werden und durch rechtzeitige Behandlung eine Eskalation vermieden wird, wenn im privaten Bereich vor einer übereilten Ehe gewarnt wird, deren unvermeidliche Auflösung nach einigen Jahren fatale menschliche und finanzielle Folgen gehabt hätte.

Berufliche Entscheidungen und Neigungen, rechtzeitig erkannt, entscheiden oft darüber, ob ein Mensch 40 Jahre seines Lebens mit einer befriedigenden und erfüllenden Tätigkeit verbringt, oder ob er unzufrieden ist, und damit nicht selten auch negative Auswirkungen auf Familie und Gesundheit zu befürchten sind - diese Fragen kann der Computer nicht beantworten, dazu bedarf es einer weiterreichenden Erfahrung.

Hilfreich ist ein Computer jedoch beim Berechnen der exakten Planetenpositionen - hier kann der Astrologe Zeit sparen.

Viele Astrologen lassen auch die Horoskopzeichnung mit dem Computerdrucker erstellen - ich persönlich ziehe das handgezeichnete Horoskop vor, da ich bereits beim Zeichnen das Horoskop Schritt für Schritt entstehen lassen kann, und schon hier mit der Deutung beginne.

Der scheinbare Vorteil der Computerhoroskope liegt darin, daß sie auf den ersten Blick preisgünstiger sind; vergleicht man jedoch die Preise etwas genauer, wird auch dieser Punkt fragwürdig.

Ein Computer berechnet und druckt ein 10 - 20 seitiges Horoskop in 5 Minuten fix und fertig aus. Der Bearbeiter benötigt nicht die geringsten astrologischen Fachkenntnisse; es genügt, wenn lediglich die Geburtsdaten eingegeben werden - den Rest erledigt der Computer! Inwieweit hier eine persönliche Lebenshilfe noch möglich ist, diese Entscheidung möchte ich den geneigten Leser(inne)n selbst überlassen.

Weshalb Sie sich Ihr Horoskop nur von einer qualifizierten Astrologin erstellen lassen sollten:

Als Astrologin qualifiziert

Seit einiger Zeit sammle ich Ihre im Esoterik 2000 Magazin veröffentlichten Artikel über Astrologie. Besonders interessant und gut verständlich fand ich die ausführliche Besprechung eines Partnerhoroskops. Sie sich damit eindeutig qualifiziert, was man ja nicht gerade von allen Astrologen behaupten kann. Ich möchte Sie nun bitten mir eine astrologische Auswertung für folgendes Problem zu erstellen ...Herr Erich F. Reutlingen

Persönliches Gespräch gibt Sicherheit

Nach mehreren enttäuschenden Computerhoroskopen hatte ich beschlossen, mich in Zukunft nur noch an wirklich qualifizierte Astrologen zu wenden. In diesem Zusammenhang ist mir Ihre relativ große Anzeige in der Astrologie-Zeitschrift "Jupiter" aufgefallen und ich muß sagen ich war sehr überrascht zu erfahren, daß man Sie tatsächlich anrufen und und mit Ihnen persönlich sprechen kann! Ich möchte Ihnen nochmals dafür danken daß Sie sich die Zeit genommen haben, meine Probleme anzuhören. Ich fühle mich jetzt bei Ihnen wirklich in guten Händen. Frau Helga M. Esslingen

Von Jahresvorhersage beeindruckt

Ihre Jahresvorhersagen im Astrologie-Sonderheft des Neuen Zeitalters haben mich wirklich beeindruckt. Endlich einmal ein Astrologin, die die wirtschaftlichen und sozialen Zusammenhänge in unserem Land erkennt und auch in klar verständlicher Sprache ausdrückt! Herr Emil Z. Münster

Danke für die Warnung

Zunächst muß ich Ihnen gestehen daß ich Ihre Hinweise in meinem Partnerhoroskop gar nicht so recht wahrhaben wollte. Nach einiger Zeit habe ich dann aber doch die Aussagen meiner neuen Partnerin überprüft. Durch Ihre Warnung vor dieser Frau haben Sie mich vor einer großen Dummheit bewahrt; die finanziellen Transaktionen konnte ich gerade noch rückgängig machen. Herrn Günter D. Karlsruhe

Alles stimmte - mein Mann kam zurück!

Sehr geehrte Frau Margot! Möchte heute für meinen Mann ein Jahreshoroskop mit umfassender Prognose bestellen. Möchte mich auch für das Partnerhoroskop sehr bedanken, alles stimmt: er ist wieder zurückgekommen ! Frau Alice K. Berlin

BESTELLSCHEIN

Bitte senden Sie mir mein persönliches

O Grundhoroskop	DM 190,-
O Partnerhoroskop, für 2 Personen	DM 280,-
O Jahreshoroskop	DM 190,-
O Astrologische Gesamtanalyse (Grund- und Jahreshoroskop)	DM 350,-

1. Datum:

Name..............................
Geburtsdatum......................
Geburtszeit.......................
(falls bekannt)
Geburtsort........................
nächstgröß. Stadt.................

2. Datum (nur bei Partnerhoroskop):

Name..............................
Geburtsdatum......................
Geburtszeit.......................
(falls bekannt)
Geburtsort........................
nächstgröß. Stadt.................

Zustelladresse:

Name:.............................
Straße:...........................
PLZ, Ort:.........................

Unterschrift......................

Ich wünsche Lieferung:

0 per Nachnahme (plus DM 6,- Porto)
0 portofrei per Vorauszahlung
(Scheck/bar)

Diplomastrologin Margot Heintz

Kapuzinergasse 12, D-8900 Augsburg, Tel.: 0821/518878